Fundamentos
de la Programación
de Microcontroladores Intel
en Assembler y C

ING. JORGE A. ALBERTO

Fundamentos
de la Programación
de Microcontroladores Intel
en Assembler y C

LIBRERÍA Y EDITORIAL ALSINA

Paraná 137 – (C1017 AAC) Buenos Aires
Telefax: (54) (011) 4371-9309 / (54) (011) 4373-2942

ARGENTINA

2005

IMPRESO EN ARGENTINA

I.S.B.N. **978-9750-553-002-1**

Alberto, Jorge A.
   Fundamentos de la programación de microcontroladores Intel en assembler y C -
1a ed. - Buenos Aires : Librería y Editorial Alsina, 2005.
   128 p. ; 20x14 cm.

   ISBN 978-950-553-002-1

   1. Informática-Programación. I. Título
CDD 005.3

ÍNDICE

Introducción

Este libro está destinado a diseñadores de la línea de microcontroladores INTEL MCS-51.

Se presupone que el lector tiene buenos conocimientos de ANSI C y de las instrucciones de la familia de microcontroladores 8051 o sus derivados

Se ha adoptado como herramienta en este texto al Sistema de desarrollo de Keil Elektronik GmbH, μVision2 versión 2.10 o superior, ya que es una de las más difundidas actualmente en los ambientes técnicos.

Si bien el análisis se hará sobre el citado compilador, muchos de los conceptos planteados aquí son aplicables a la mayoría de ellos, con mínimos cambios de sintaxis.

El Sistema Integrado de Desarrollo μVision2 tiene la ventaja de permitirnos compilar al mismo tiempo, módulos en Assembler y módulos en C, dentro de un mismo Proyecto.

En el caso que el Lector no posea la Herramienta de Desarrollo que describimos en este libro, la misma puede ser descargada en su versión Demo del sitio de Internet http://www.keil.com/demo/ .

La única limitación de esta versión es que no compila programas cuyo archivo objeto supere los 2K Bytes.

En la primera parte del libro describimos las propiedades del Compilador Assembler (A51 / A251) y su Encadenador (Linker L251), aplicadas a los microcontroladores básicos de la familia MCS-51, estas propiedades se aplican también a los microcontroladores derivados de ellos, generalmente con agregados que aumentan la potencia y facilidad del desarrollo.

Se dejarán de lado las directivas que solo pueden invocarse en línea de comando ya que partiremos del supuesto que se compilará dentro del Sistema Integrado μVision2.

Se sobreentiende acá que el Lector está familiarizado con el Set de Instrucciones máquina de la familia, caso contrario, podrá consultar cualquier libro de los citados en la Bibliografía, al final del libro.

En la segunda parte describimos el Compilador C (C51) aplicable a los citados Microcontroladores.

Contrariamente a lo que normalmente se hace, escribir la mayor parte del programa en C y embeber en Assembler las rutinas críticas en velocidad o dedicadas al manejo de hardware especifico del diseño, acá propondremos métodos para embeber rutinas escritas en C en un proyecto programado en su mayor parte en Assembler.

Cuando se proyectan equipos dedicados a control, donde los tiempos de ejecución son críticos, o equipos que deben tener necesariamente el menor costo posible, y por lo tanto se deberá emplear el microcontrolador más barato compatible (lo que generalmente implica limitaciones en la memoria de programa incluida), la programación en C deviene en un lujo que raramente es permisible.

Por lo general, programar en Assembler es tanto o más fácil que hacerlo en C, aunque más laborioso, con la virtud de tener total acceso directo a todas las potencialidades del microcontrolador. Sin embargo cuando tenemos que resolver la parte algorítmica del programa, efectuar cálculos con variables con signo de varios bytes de precisión en punto fijo, o hacerlo con variables de punto flotante, la programación en Assembler comienza a hacerse engorrosa y complicada.

Quedamos entonces frente a tres posibilidades, o bien escribir en Assembler nuestras propias Librerías de funciones, de la forma más general posible a fin de rehusarlas en el futuro, o utilizar Librerías existentes comercialmente, o bien programar esas rutinas en C y embeberlas en el programa Assembler.

La primera de las soluciones implica un arduo trabajo de programación y depuración, la segunda no siempre garantiza la exactitud de los resultados, salvo que se conozca bien el origen y la autoría de las mismas, en cuyo caso difícilmente se las pueda conseguir gratuitamente, por lo que la solución más razonable es la tercera, que describiremos en este libro.

Al final del mismo citamos la bibliografía de consulta, tanto para el lenguaje C, como para el Assembler.

Si bien el Compilador al que nos referiremos soporta a derivados modernos de la familia MCS-51 como

Dallas 80C320, 80C520 y 80C530
AMD 80C321, 80C521 y 80C541
Phillips/Signetics 8xC750, 8xC751 y 8xC752
Siemens 80C517 y 80C537

En lo siguiente trataremos temas aplicables al núcleo de la familia, utilizando Librería, registros, etc. para los modelos originales.

PRIMERA PARTE

1. Lenguaje Assembler

Los pasos necesarios para la Programación de un microcontrolador de la familia MCS-51 están descriptos en la figura siguiente:

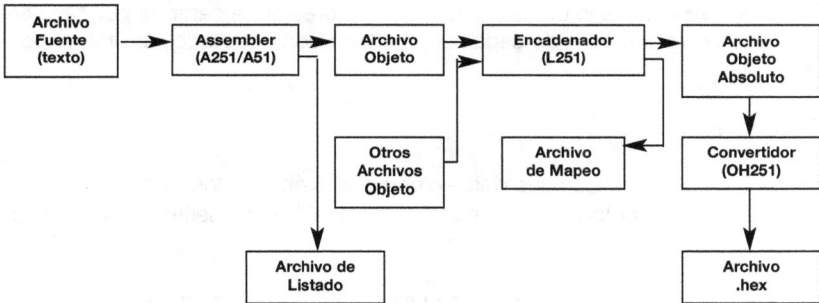

Archivo Fuente (texto)	→	Assembler (A251/A51)	→	Archivo Objeto	→	Encadenador (L251)	→	Archivo Objeto Absoluto

			Otros Archivos Objeto		Archivo de Mapeo	←	Convertidor (OH251)

		Archivo de Listado					Archivo .hex

El A251 es un "superset" de A51, aquellas opciones que sean exclusivas de A251 y no estén contempladas en A51 serán marcadas con el símbolo **(*)**, pero se analizarán preferentemente la que sean comunes a ambos.

El archivo Fuente es un archivo de texto plano que incluye controles y directivas al Assembler junto con instrucciones (mnemónicos) de programa.

El archivo **.hex** es aquel que se entrega a un equipo grabador, para la escritura de la memoria de programa.

La sintaxis empleada para el Fuente en Assembler es sumamente sencilla, por lo general compilador no es sensible a las mayúsculas o minúsculas, a diferencia del C, tampoco es sensible a la columna en la que comienza cada campo, (con alguna pequeña excepción).

Los campos de una instrucción son:

[etiqueta:] mnemónico o directiva [operando] [, operando] [, operando] [; comentario]

Donde, como de costumbre los corchetes indican existencia opcional.

En cada línea solo puede haber una única directiva, comando o instrucción, tampoco se aceptan comandos, directivas o instrucciones que ocupen más de una línea.

Salvo que se indique lo contrario, los separadores entre campos pueden ser uno o cualquier número de espacios, también son aceptados los tabuladores.

Etiquetas

Son nombres simbólicos que definen una dirección, en alguna de las memorias del microcontrolador, esto se aplica tanto a direcciones de programa, a variables o a constantes direccionables.

No puede ser definida la misma etiqueta más de una vez en todo el programa, y no pueden ser redefinidas.

Su símbolo puede tener hasta 31 caracteres de los especificados en la siguiente lista:

De **A** a **Z**
De **a** a **z**
De **0** a **9**
_ **?**

Puede empezar con cualquiera de estos símbolos, excepto los dígitos de 0 a 9.
Deben siempre estar terminados con el símbolo "dos puntos" ":".

Como única excepción, este campo es de posición fija, y debe ser definido escribiéndolo en la primer columna del texto.

Mnemónicos

Cualquier código de operación descrito por Intel para el microcontrolador de la familia en cuestión.

Operandos

Según sea el código de operación utilizado, admitirá uno, varios o ningún operando.

Si son varios, la lista de los mismos usa como separador el caracter "coma" es decir ",".

Como operandos se pueden usar argumentos, expresiones o símbolos especiales del Assembler.

El compilador, salvo unas pocas excepciones, considerará que los operandos son **direcciones** de algunos de los siguientes tipos:

Dirección Directa de Bit
Dirección de Programa (Code)
Dirección de RAM Interna Directa (Data)
Dirección de RAM Interna Indirecta (Idata)

Las únicas excepciones son:

Dato en Inmediato
Símbolos Especiales de Assembler, es decir nombres simbólicos de registros internos y por lo tanto de direccionamiento inherente

Operandos Numéricos

Cuando un operando está dado por un número, <u>práctica totalmente desaconsejada salvo en los EQU y SET</u> (ver más adelante), el compilador lo interpretará por "default" como un número en base decimal, cuando se desee utilizar otra base distinta, se deberá indicar expresamente mediante un subfijo y/o prefijo, según lo expresa la siguiente tabla:

Base	Subfijo	Prefijo	Caracteres	Ejemplo	Descripción
Hexadecimal	H,h	--	0-9, A-F, a-f	1A0FH, 9ffch	Valores cuyo primer dígito es numérico
Hexadecimal	H,h	0	0-9, A-F, a-f	0A0FH, 0FFCh	Valores cuyo primer dígito es alfabético (A-F)
Hexadecimal	--	0x, 0X	0-9, A-F, a-f	0xff, 0X12A	Similar a como se expresa en C
Binario	B, b	--	0, 1	1011b, 100B	
Octal	O, o, Q, q	--	0, 7	1327o, 444Q	

Operandos ASCII

El compilador permite el uso de caracteres ASCII, en vez de obligar a recordar su valor numérico, estos deberán estar encerrados por el caracter "comillas simples", es decir **'a'** o **'AB'** pudiéndose encerrar como máximo dos caracteres, los que serán interpretados como una palabra (2 bytes) de 16 bits.

La única excepción a esto es la definición de strings en memoria de programa (DB), como se verá más adelante.

Comentarios

A menos que Ud. pretenda que su programa sea inentendible por cualquier otro programador, o para Ud. mismo, luego de unos pocos meses de haberlo creado, use abundantemente los comentarios.

Estos comienzan a partir de su separador, el "punto y coma" es decir **";"** y terminan al final de la línea de texto. Los comentarios no tienen terminador, el EOL hace las veces de tal.

Símbolos Especiales

El compilador define y reserva nombres para los Registros de los microcontroladores de la Familia, cada uno de estos símbolos tiene relacionado por lo general, un método de direccionamiento, a saber:

Registro	Descripción
A	Acumulador principal con direccionamiento inherente (implícito en el código de operación)
Acc	Acumulador principal con direccionamiento directo
R0 a R7	Registros del Banco activo con direccionamiento inherente
Ar0 a Ar7	Registros del Banco activo con direccionamiento directo, solo son aceptados luego de usarse la directiva **USING**
DPTR	Puntero a memoria RAM externa o a memoria de Programa, direccionamiento inherente
DPL, DPH	Parte baja y alta del puntero a memoria RAM externa o a memoria de Programa, direccionamiento directo
PC	Contador de Programa, direcionamiento inherente
PSW	Byte de estado, direccionamiento directo
B	Acumulador auxiliar, direccionamiento directo
C	Bit de Carry, direccionamiento inherente, para direccionarlo en directo se debe invocar como PSW.7
AB	Usado para las instrucciones **mul** y **div**, direccionamiento inherente

Otros símbolos son utilizados para indicar los distintos métodos de direccionamiento y otras posibilidades:

Símbolo	Descripción
#	Indica direccionamiento inmediato, es seguido por un número, una constante, una etiqueta predefinida, o una expresión
@	Indica direccionamiento indirecto, usando como buffer de direcciones a R0 o R1
.	Dirección de un bit. Precedido por una dirección de byte o etiqueta y sucedido por el número de bit dentro del byte (byte.bit)
$	Valor actual del Contador de Programa

2. Directivas al Assembler

Las Directivas no producen líneas de código, si bien algunas de ellas pueden afectar el contenido de la memoria de programa (DB, DW) por lo general solo informan al compilador sobre la ubicación y tipo, de constantes, variables, etc.

Las Directivas más comunes son las de:
Control de Segmentos
Definición de Constantes Simbólicas
Definición de Constantes Direccionables
Reserva de Memoria RAM
Encadenamiento de Módulos
Misceláneas

A continuación se dará una breve descripción de las mismas.

Control de Segmentos

Un segmento es un bloque de código (memoria de programa) o de RAM (memoria de datos), su finalidad es permitirle al compilador saber donde están ubicados los objetos que se están definiendo, tanto en dirección como tipo de memoria.

Estos segmentos pueden ser absolutos, en el sentido de tener una dirección inicial fija e inamovible, o ser genéricos y reubicables, es decir que su dirección inicial no es conocida en el momento de la compilación, siendo dada por el Linker según le convenga en el momento del Encadenado.

Segmentos Absolutos

Cuando el Programador quiere tener control de la ubicación de un segmento en la memoria, usará un segmento que definirá como absoluto.

El caso más típico es el segmento de inicio de cualquier programa, luego de ejecutado el Reset, el PC se carga automáticamente con el valor 0000, es decir que en esa dirección debe estar la primera instrucción que se ejecuta, de la misma forma, los vectores de las interrupciones se encuentran en direcciones fijas. Es entonces necesario que las instrucciones que corresponden a estos casos estén ubicadas en segmentos fijos o absolutos.

Los segmentos absolutos son creados mediante las siguientes directivas:

Directiva	Descripción
CSEG	Segmento de Código, se ubicará en la Memoria de Programa. Su dirección inicial por defecto es 0000. Puede estar comprendida entre los valores 0x0000 y 0xFFFF
DSEG	Segmento de datos, se ubicará en la memoria RAM Interna. Su dirección inicial por defecto es 00. Puede estar comprendida entre los valores 0x00 y 0xFF
XSEG	Segmento de datos, se ubicará en la memoria RAM Externa. Su dirección inicial por defecto es 0000. Puede estar comprendida entre los valores 0x0000 y 0xFFFF
ISEG	Segmento de datos, se ubicará en la memoria RAM Interna, direccionable en forma indirecta. Su dirección inicial por defecto es 00. Puede estar comprendida entre los valores que dependen de la versión del microcontrolador, 0x00 a 0xFF para xx52, y 0x00 a 0x7F para la versión xx51
BSEG	Segmento de datos, se ubicará en la memoria RAM Interna, direccionable por bits. Su dirección inicial por defecto es 0x20. Puede estar comprendida entre los valores 0x20 a 0x2F

Sintácticamente la forma de crear e iniciar un segmento es declarando:

DIRECTIVA   AT   Dirección de inicio

Si no se explicita la dirección de inicio, esta tomará el valor "default" dado en la tabla anterior, debe tenerse cuidado en que la dirección especificada caiga dentro del rango permisible para el segmento.

Algunos ejemplos:

CSEG   : Segmento de código (memoria de programa) con inicio en 0000H
CSEG AT 0X1000   : Segmento de código (memoria de programa) con inicio en 1000H
DSEG AT 0X30   : Segmento de datos (memoria RAM Interna) con inicio en 30H

BSEG AT   0X2A.4   : Segmento de datos direccionables a bits (memoria RAM
                         Interna) con inicio en el quinto bit del byte 0x2A.
XSEG AT   0X1000   : Segmento de datos (memoria RAM Externa) con inicio en
                         1000H

Luego de darse alguna de estas directivas, la instrucción siguiente a la
misma, en el caso de un segmento de código, será ubicada a partir de la
dirección inicial, lo mismo ocurrirá con la primer variable definida en el caso
de un segmento de datos.

No existe un "terminador" de segmento, este termina simplemente cuando se
comienza otro, sin embargo cada tipo de ellos (es decir, Programa, RAM
Interna, RAM Externa, etc.) posee en el compilador, un Contador de Dirección
de Segmento, (una especie de Program Counter propio generado por software) que mantiene memorizada la dirección actual dentro del segmento.

De esta forma, si arrancamos un segmento absoluto de Código, escribimos
algunas instrucciones y luego arrancamos un segmento de datos para definir algunas variables, y finalmente volvemos a activar el segmento de
Código, la primer instrucción que ahora escribamos se ubicará en la dirección consecutiva a la última que habíamos escrito en dicho segmento.

Por ejemplo:

```
cseg      at     00              ;inicio un segmento
          sjmp   inicio

cseg      at     0x30            ;redirecciono el segmento a la dirección 0x30
inicio:
          clr    A
          mov    R0,#variable

dseg      at     0x1F            ;inicio un segmento de datos
variable: ds     1

cseg                             ;retomo el segmento de código, sin perder
Borro:    mov    @R0,A           ;la dirección donde estaba
          djnz   R0,Borro
          ;............
          end
```

Esto es compilado como:

A51   MACRO   ASSEMBLER   SEGMENTO
09/13/2005 09:55:01 PAGE   1

MACRO ASSEMBLER A51 V6.10
OBJECT MODULE PLACED IN .\segmento.OBJ
ASSEMBLER INVOKED BY: C:\KEIL\C51\BIN\A51.EXE .\segmento.a51
SET(SMALL) DEBUG

```
LOC    OBJ        LINE   SOURCE

                  1
----              2       cseg   at 00
0000   802E       3       sjmp   inicio
                  4
                  5
----              6       cseg   at    0x30
0030              7     inicio:
0030   E4         8       clr    A
0031   781F       9       mov    R0,# variable
                  10
----              11    dseg   at    0x1F
001F              12    variable: ds    1
                  13
----              14    cseg
0033   F6         15    Borro:  mov    @R0,A
0034   D8FD       16            djnz   R0,Borro
                  17            ;............
                  18            end
```

En la primera columna vemos la dirección en la cual se grabará el código en la memoria de programa, en la línea 9 vemos que la instrucción **mov R0,#Bancos** comienza en la dirección 0x31, como tiene dos bytes (fíjese que se codifica como 0x781F, en la segunda columna), la próxima instrucción deberá comenzar en la 0x33, cosa que ocurre en la línea 15, a pesar que entre ellas hemos activado un segmento de datos.

Segmentos Relativos

Estos segmentos, dijimos, son ubicados por el Linker en la dirección más conveniente.

Son útiles cuando varios programadores escriben distintos módulos del programa final, ya que les evita el trabajo de mantener el "tracking" de las direcciones de inicio y fin de cada módulo.

La sintaxis para definir un segmento reubicable es la siguiente:

Nombre SEGMENT   Clase   [Reubicación]   [Alineación]

Donde **Nombre** es el identificador del segmento y **Clase** define la ubicación del mismo en las diferentes memoria del microcontrolador, según se indica en la siguiente tabla:

Clase	Descripción
CODE	Segmento en Memoria de Programa 0x0000 a 0xFFFF
BIT	Segmento de RAM interna en la zona direccionable a bits 0x20 a 0x2F
DATA	Segmento de RAM interna 0x00 a 0x7F (para xx51)
IDATA	Segmento de RAM interna direccionable indirectamente 0x00 a 0x7F para xx51 y 0x00 a 0xFF para xx52
XDATA	Segmento de RAM externa 0x0000 a 0xFFFF

Opcionalmente puede definirse la manera en la cual el Linker reubica al segmento mediante la directiva **Reubicación**, según se ve en la siguiente Tabla

Reubicación	Descripción
BITADDRESSABLE	Cuando se desea que un Segmento de DATA sea ubicado en la zona direccionable a bits
INBLOCK	Cuando se desea que un Segmento de CODE sea contenido dentro de un bloque de 2048 Bytes
INPAGE	Cuando se desea que un Segmento sea contenido dentro de una página de 256 Bytes
OVERLAYABLE	Cuando se desea que la memoria RAM de un segmento pueda ser compartida o solapada por otro segmento declarado de esta misma forma. (Ver Nota)

Nota: Los segmentos declarados **OVERLAYABLE** tienen que tener un nombre que siga las convenciones propias de C51, (Ver <u>Convención para denominar a los Segmentos</u>, en el Capítulo 11).

Optativamente puede darse una directiva de alineación, si fuera necesario que el comienzo del segmento cumpla alguna regla, por ejemplo **page** o **block** si se desea que el segmento comience en la primer dirección de una página de 256 bytes (xx00) o de un bloque de 2K bytes (0x0000, 0x0800, 0x1000, etc.).

Ejemplo:

Varext   **segment   xdata   inpage**

Luego de definido el segmento, se lo activará invocándolo mediante la directiva

RSEG nombre_del_segmento

RSEG   Varext

Como antes el segmento puede ser abandonado (por iniciarse otro) y luego reactivado invocándolo nuevamente, sin perderse la correlatividad de direcciones, gracias al Contador de Dirección de Segmento.

El contenido de este último puede alterarse, a fin de dejar espacio para tablas, strings, etc. mediante la Directiva **ORG,** con la siguiente sintaxis:

ORG   expresión

Donde **expresión** puede ser un número o bien una constante definida en algún lugar y sin referencias a posteriori.

Generalmente es útil cuando se programan varios modelos de un mismo equipo que de acuerdo al número de modelo debe organizar zonas de datos o de programa de distinta manera como veremos luego al analizar la compilación condicional.

ORG tiene un significado levemente distintos según el segmento sea absoluto o reubicable, por ejemplo:

```
CSEG              AT       0X30
     ;............................
ORG    0X100
       MOV    A,R3
```

En este caso la instrucción **MOV A,R3** se ubica en la posición de memoria de programa **0x100,** donde el argumento de **ORG** es un valor absoluto y no puede ser inferior al inicio del segmento.

En cambio si escribimos:

```
OTROSEG        SEGMENT        CODE

RSEG           OTROSEG
     ;.........................
ORG    0X100
       MOV    A,R3
```

Acá la dirección de la instrucción se genera haciendo **dirección efectiva = dirección de inicio del segmento + argumento del ORG**, es decir que aunque el Linker ubicara el segmento en la misma dirección de inicio que en la del caso anterior, 0x30, la instrucción se grabaría en 0x130 en vez de 0x100.

Definición de Símbolos

Una buena práctica de programación, en cualquier lenguaje, es evitar que en el programa fuente aparezcan "números mágicos" que dificultan la compresión del mismo, y representan una tarea de búsqueda engorrosa cuando hay que cambiar algún valor.

Lo razonable es definir todas las constantes y símbolos en un archivo "header" y luego incluirlo en el archivo fuente (ver **include**), para ello existe una directiva al Compilador:

Símbolo EQU   expresión

El compilador cada vez que encuentra en una línea de instrucción a **Símbolo,** lo reemplaza (antes de compilar) por el resultado de **expresión,** la cual podrá tener un resultado numérico, o simbólico, como por ejemplo, cuando quiero definir un Port con un nombre simbólico:

ComunicParalelo EQU   P1

Un símbolo definido por **EQU** no puede ser redefinido en el mismo programa.

Dentro de la expresión se puede hacer referencia a definiciones previas o a posteriores, como por ejemplo:

Letra   EQU   Carac + 1
Valor   EQU   Letra − 0x30
Carac   EQU   'A'

La directiva **SET** es similar a la **EQU** con la diferencia que permite redefinir al símbolo todas las veces que se desee a lo largo del programa:

Modelo SET 24
;.....................
Modelo SET 12

El símbolo mantiene su valor hasta que se llega a una redefinición.

Si bien es una práctica muy poco recomendable, existen directivas para asignar direcciones a un símbolo específico:

símbolo	BIT	dirección_bit	;define un símbolo BIT
símbolo	CODE	dirección_code	;define un símbolo CODE
símbolo	DATA	dirección_data	;define un símbolo DATA
símbolo	IDATA	dirección_idata	;define un símbolo IDATA
símbolo	XDATA	dirección_xdata	;define un símbolo XDATA

Por supuesto las direcciones tienen que ser valores válidos.

STATUS:DATA   0x20

IDLE   BIT   STATUS.0

SIGNO BIT   Acc.7

Observe en la última línea se ha usado **Acc** en vez de A ya que para definir un bit, se debe referenciar la <u>dirección</u> del byte a que pertenece.

De cualquier forma, siempre es más recomendable utilizar etiquetas y reserva de memoria, como se verá en el próximo párrafo.

Inicialización de Constantes Direccionables

Cuando es razonable guardar constantes o listas de estas (tablas o strings) en memoria de programa en vez de invocarlas reiteradamente en líneas de instrucciones o en iteraciones de Macros, se puede reservar lugar para las mismas e inicializarlas mediante las Directivas **DB** y **DW.**

La sintaxis a emplear será:

Etiqueta:	**DB**	**expresión [,expresión]**	**;expresión = 8 bits**
Etiqueta:	**DW**	**expresión [,expresión]**	**;expresión = 16 bits**

La expresión en el caso DB será de 8 bits o sea un byte de longitud y para el caso de DW de 16 bits (word).

Por ejemplo:

```
cseg    at    00                 ;inicio un segmento

        sjmp  inicio

tabla:  db    "Menú Principal",0      ;definición de un string
ctes:   db    0x10, 0x11, 0x12, 0x13, 0x14   ;definición de una tabla de
                                              valores
inicio:
        ;...................
        end
```

Es compilado como:

LOC	OBJ	LINE	SOURCE
		1	
----		2	cseg at 00 ;inicio un segmento
		3	
0000	8014	4	sjmp inicio
		5	
0002	4D656E75	6	tabla: db "Menú Principal",0
0006	20507269		
000A	6E636970		
000E	616C00		

0011	10111213	7	ctes:	db	0x10,0x11,0x12,0x13,0x14
0015	14				
0016		8	inicio:		
		9	end		

En el caso de DW:

tabla:	dw	"AB",0, $
ctes:	dw	0x1011, 0x1213, 0x1415

Es compilado como:

0002 4142	6	tabla: dw	"AB",0, $
0004 0000			
0006 0006			
0008 1011	7	ctes: dw	0x1011,0x1213,0x1415
000A 1213			
000C 1415			

Obsérvese que en la dirección más baja de la palabra se guarda la parte alta de la constante (Finiano Grande), por lo que la etiqueta "ctes" apunta a la parte alta de la misma, nótese también que $ es traducido por 0006 que es precisamente la dirección a partir de donde se graba esa constante.

Reserva de Memoria para Variables

En Assembler, una variable es simplemente una dirección de memoria RAM. Para que el Compilador pueda detectar cualquier error cometido en el direccionamiento de las variables, estas se deben declarar y deben tener una reserva espacio, las Directivas para ello son **DS** y **DBIT**.

La sintaxis empleada es:

Etiqueta:	**DS**	**cantidad de bytes**
Etiqueta:	**DBIT**	**cantidad de bits**

La etiqueta hace referencia al primer byte o bit del área reservada, y por supuesto debe estar ubicada en una zona de memoria donde la reserva esté permitida.

```
varbit    segmentbit
          rseg  varbit
unbit:              dbit      1
```

Debe prestarse atención al uso de la etiqueta en las instrucciones, ya que estas esperan como operando una dirección, entonces si escribimos:

```
dseg      at        0x30
var:      DS        1
cseg
          mov       var,#0x25
;................
mov       R0,var
```

En este caso se cargará R0 con el <u>contenido</u> de la variable, es decir con 25 en hexadecimal, pero si escribimos

```
mov       R0,#var
```

Acá **var** es considerada literalmente como un valor constante y como tal representa la <u>dirección</u> de la variable, por lo que R0 se cargará con 30 en hexadecimal.

Como es obvio las variables no podrán ser inicializadas en el momento de la compilación, ya que se ubican en RAM, si se pretende esto, habrá que hacerlo en una rutina de inicialización, llamada inmediatamente después del reset.

Directivas de Encadenamiento

Las variables o símbolos que son definidos dentro de un módulo pueden ser accedidos desde otros, siempre y cuando en el primero sean declaradas como públicas, de la siguiente manera:

public   var1   [, var2]

Pueden declararse varias simultáneamente separándolas con comas.

En el módulo invocante se deberán declarar como externas, mediante

extrn   clase   (símbolo)

Donde **clase** puede ser **BIT, CODE, DATA, IDATA, XDATA** o **NUMBER** si es un símbolo sin clase. Debe haber correspondencia entre el tipo declarado para el símbolo en el módulo declarante y el citado en el módulo invocante.

En el módulo declarante:

```
dseg    at      0x30
Var:    ds      1
        public  Var
```

En el módulo invocante:

```
extrn   data    (Var)
```

Otras Directivas

La Directiva **NAME** permite darle un nombre al un módulo generado por el archivo que se está editando, este puede ser distinto al del archivo en sí mismo.

La Directiva **USING n** donde n es un número entre 0 y 3 especifica a cual Banco están relacionados los registros cuando se los invoca usando **ARi** con **i** entre 0 y 7, para usar direccionamiento directo en vez de inherente.

Using no genera código ni cambia el Banco activo, solo informa al Assembler como calcular las direcciones de los registros que quiero usar.

Todo módulo debe estar terminado con la Directiva **END**.

3. Macro Instrucciones

Como todo Macro-Assembler el compilador de Keil permite definir Macro Instrucciones, pero al usar esto hay que tener en mente que ellas son una comodidad para el Programador, pero a diferencia de las Funciones o Rutinas no mejoran ni ahorran nada en cuanto a la memoria que utilizará el programa.

Las Macros son definidas con un nombre con el cual son invocadas por el programa, al encontrar este nombre el Compilador lo reemplazará por una copia bastante textual de las instrucciones que componen la Macro, lo cual nos indica que debemos ser cautos al invocar reiteradamente a un Macro masivo en cuanto a cantidad de instrucciones.

Si además de la comodidad del Programador queremos buscarles alguna otra virtud frente a las funciones, podemos argüir que su ejecución es más rápida que las de aquellas, ya que nos evitan el tiempo insumido en guardar y recuperar la dirección de retorno.

La sintaxis para la definición de un Macro es la siguiente:

Nombre   MACRO   parámetro0 [, parámetro1, ...]
....
conjunto de instrucciones que lo componen
....
ENDM

Las Directivas **MACRO y ENDM** deben estar siempre apareadas.

La invocación del mismo es igualmente sencilla

Nombre parámetro0 [, parámetro1, ...]

Parámetros

La cantidad de parámetros que se le podrán pasar a un Macro tiene un máximo de 16.

Los parámetros son literalmente reemplazados en las instrucciones que componen el Macro, por ejemplo si escribimos:

```
ElMacro          MACRO par0, par1
        mov      A,par0
        mov      B,par1
        ENDM

dseg
var:    ds       1

cseg    at       00                ;inicio un segmento

        sjmp     inicio
inicio:
        mov      R0,#4
        mov      var,#5
        ElMacro          #12,R0
        end
```

Un uso normal de este Macro sería invocarlo por ejemplo de la siguiente forma: **ElMacro var,R0** sin embargo, observe que, como primer parámetro en vez de poner la dirección de una variable se ha escrito **#12**, como el reemplazo del parámetro dentro del Macro es literal, esto no traerá ningún problema y compilará de la siguiente manera:

```
                 12        inicio:
0002 7804        13            mov    R0,#4
                 ;14+1         ElMacro #12,R0
0004 740C        15+1          mov    A,#12
0006 88F0        16+1          mov    B,R0
                 17            end
```

Si bien esto es muy cómodo, creo que no hace falta remarcar que se debe ser cauto en su uso, ya puede generar errores.

Etiquetas

Existe una notoria incompatibilidad entre la condición que una etiqueta debe aparecer una sola vez en un programa y la probable necesidad de usar una o más etiquetas dentro de un Macro que será llamado por el programa varias veces.

Para evitar esta incompatibilidad se declara dentro del Macro a todas sus etiquetas como locales, dejando que luego el Compilador le asigne un nombre único a cada aparición de las mismas.

Para ello se coloca en la primera línea, luego de la definición del nombre y parámetros de la Macro, la declaración de las etiquetas locales, a saber:

```
MDELAY      MACRO   p1,p2
       LOCAL        lazo0,lazo1
            mov     R1,p2
Lazo1:      mov     R0,p1
lazo0:      djnz    R0,lazo0
            djnz    R1,lazo1
       ENDM
```

Lazo1 será reemplazado en cada llamada por ??xxxx donde xxxx será un número correlativo asignado por el preprocesador.

Iteraciones

Existe la posibilidad de efectuar repeticiones de bloques de instrucciones dentro de una Macro, las directivas que se usan para ello son **REPT, IRP** e **IRPC.**

El bloque de instrucciones a iterar debe estar cerrado por la directiva **ENDM.**

Analicemos brevemente su comportamiento.

Rept repite un bloque de instrucciones un número fijo o variable de veces:

```
IncWDPTR    MACRO       p1
       REPT p1
       Inc  DPTR
       ENDM
     ENDM
```

Invocado como **IncWDPTR 2** obtenemos

```
     Inc    DPTR
     Inc    DPTR
```

Como argumento **Rept** puede tener tanto un parámetro del Macro, como un número fijo.

La directiva **IRP** tiene la siguiente sintaxis:

```
IRP       nombrevar, < par1, par2, par3, par4 >
..............
          inc     nombrevar       ; bloque de instrucciones
..............
ENDM
```

Donde el bloque de instrucciones se repetirá para cada parámetro de la lista, estos pueden ser fijos, es decir definidos dentro del Macro, o variables, recibidos como parámetros.

Por ejemplo:

```
ElMacro       MACRO
                        IRP           val, <R0,R1,R2>
                        inc           val
                        ENDM
              ENDM
```

Frente a una invocación de **ElMacro** obtendríamos:

```
0002 08       19+2      inc   R0
0003 09       20+2      inc   R1
0004 0A       21+2      inc   R2
```

Obtendríamos el mismo resultado, aunque el Macro sería más flexible, si lo hubiéramos escrito como:

```
ElMacro       MACRO par0,par1,par2
      IRP     val, <par0,par1,par2>
      inc     val
      ENDM
ENDM
```

Con lo que tendríamos la libertad de elegir cuales registros incrementamos.

La directiva **IRPC** es similar a la anterior, salvo que en este caso el bloque se itera para cada uno de los caracteres de un argumento especificado, por ejemplo:

```
TransmitaHola             MACRO
      IRPC    letra, <HOLA>
      jnb     TI,$
      clr     TI
      mov     SBUF, #'letra'
      ENDM
ENDM
```

Sería traducido por:

```
0002 3099FD    24+2    jnb     TI,$
0005 C299      25+2    clr     TI
0007 759948    26+2    mov     SBUF, #'H'
000A 3099FD    27+2    jnb     TI,$
000D C299      28+2    clr     TI
000F 75994F    29+2    mov     SBUF, #'O'
0012 3099FD    30+2    jnb     TI,$
0015 C299      31+2    clr     TI
0017 75994C    32+2    tmov    SBUF, #'L'
001A 3099FD    33+2    jnb     TI,$
001D C299      34+2    clr     TI
001F 759941    35+2    mov     SBUF, #'A'
               36      end
```

Si Ud. en este momento tiene una mueca de desagrado, créame que la compartimos, esto es a la buena programación lo mismo que era el goto en C.

Operadores de Macroinstrucciones

Dentro de las Macros se pueden utilizar una serie de operadores que dan una amplia flexibilidad a estas utilidades:

Símbolo	Descripción
IF NUL ..	El Operador NUL permite determinar si uno de los parámetros del Macro es nulo, en cuyo caso genera un valor distinto de cero, en caso que no sea nulo da cero.
&	Sirve para concatenar texto y parámetros
<>	Literaliza delimitadores
%	Usado como prefijo de un argumento indica que el mismo debe ser entendido como una expresión y calculada antes de pasar al Macro.
;;	Delimitador de comentarios dentro de un Macro.
!	Literaliza un carácter.
EXITM	Termina anticipadamente el Macro

Para comprobar si un parámetro existe o no, se puede escribir de la siguiente manera:

```
salve Macro par1, par2
        push    par1
        IF NUL  par2

        EXITM

        ENDIF
        push    par2

        ENDM

    cseg    at      00          ;inicio un segmento

        sjmp    inicio

inicio:

        salve Acc
        ;....................
        salve Acc,B
        end
```

Que sería compilado como:

```
19    inicio:
            20
            21+1    ; nombre Acc
0002 C0E0   22+1    push   Acc
            23+1    ;IF NUL
            25      ;EXITM
            26      ;...............
            26+1    ; nombre Acc,B
0004 C0E0   27+1    push   Acc
            28+1    ;IF NUL B
            +1      ;EXITM
            +1      ;ENDIF
0006 C0F0   33+1    push   B
            34+1
            35      end
```

Vemos que en el primer caso solo se salva el Acumulador mientras que en el segundo también se pone en el stack a B, esto permite fácilmente generar Macros con listas de parámetros de longitud variable.

Si tenemos una lista de parámetros p1, p2, p3, p4 y quisiéramos dejar como nulo a p2 se deberá escribir p1,, p3, p4 sin dejar espacios en blanco entre las comas.

El operador **&** sirve para concatenar texto con los parámetros de un Macro, por ejemplo:

```
limpieR Macro par
        mov      R&par, #0
        ENDM

cseg    at      00                      ;inicio un segmento
        sjmp    inicio

inicio:
        limpieR  0
;...............
        limpieR  7
        end
```

Que se traduce a:

```
8    cseg   at    00              ;inicio un segmento
              9
0000 8000    10              sjmp    inicio
             11
0002         12   inicio:
             13
             14+1    ;  limpieR   0
0002 7800    15+1        mov    R0, #0
             16   ;...............
             17+1    ;  limpieR   7
0004 7F00    18+1        mov    R7, #0
             19        end
```

El operador **<>** sirve para encerrar texto que debe ser pasado literalmente a un Macro, por ejemplo:

```
llene Macro par1,par2
        mov     R0,#par1
        IRP     P,<par2>
            mov     @R0,#P
            inc     R0
        ENDM
    ENDM

dseg    at 0x40
tabla: ds 4

cseg    at      00                      ;inicio un segmento
        sjmp    inicio
inicio:
        llene   tabla, <10,20,30,40>
        end
```

Que expandido es:

```
0002            17   inicio:
                18
                19+1    ;llene   tabla, <10,20,30,40>
0002 7840       20+1    mov     R0,#tabla
                21+1     ;IRP    P,<10,20,30,40>
                22+1    ;   mov     @R0,#P
                23+1    ;   inc     R0
                24+2    ENDM
0004 760A       25+2        mov     @R0,#10
0006 08         26+2        inc     R0
0007 7614       27+2        mov     @R0,#20
0009 08         28+2        inc     R0
000A 761E       29+2        mov     @R0,#30
000C 08         30+2        inc     R0
000D 7628       31+2        mov     @R0,#40
000F 08         32+2        inc     R0
        33                  end
```

El operador % indica al Compilador que se está pasando como parámetro a un Macro, una expresión que se deberá calcular antes de compilar, por ejemplo:

```
duplique Macro par1
          mov     A,#par1
          rlc     A
     ENDM

cte1      equ     12
cte2      equ     11


cseg      at      00              ;inicio un segmento
          sjmp    inicio
inicio:

          duplique % (cte1+cte2)
          end
```

Se traducirá en:

```
----         12              :cseg    at     00          ;inicio un segmento
             13
0000 8000    14       sjmp    inicio
             15
0002         16    inicio:
             17
             18+1             :duplique % (cte1+cte2)
0002 7417    19+1      mov    A,#23
0004 33      20+1      rlc    A
             21+1
             22       end
```

El Operador ";;" se utiliza como separador de comentarios, dentro de un Macro, que no se quiere que aparezcan cuando este se expande.

El Operador ! se usa delante de aquellos caracteres como "," y "(" o ")" que se usan como separadores, para indicar que dichos caracteres son pasados literalmente al Macro.

El Compilador acepta también todas las reglas del **MPL** (Macro Processing Language) y tiene todas las facilidades de reemplazo de strings que este posee.

Algunas reflexiones sobre las Macroinstrucciones

Las Macro son obviamente tentadoras para el programador y a veces imprescindibles por problemas de tiempo de ejecución, pero en los casos normales el Assembler permite, por su manejo directo de todos los Registros del Procesador, convertirlos en funciones, con el consiguiente ahorro de memoria, si hay múltiples invocaciones.

Veamos un ejemplo, supongamos que queremos realizar una Macro que tenga las mismas capacidades del salto condicional BLO (branch if lower) de los Micros de Motorola, y partamos de que los dos valores vienen en el Acumulador A y en B y la dirección del salto está indicada por una etiqueta:

```
BLO     MACRO valmax, valmin, adonde

        LOCAL           BNEQ, siga
        cjne    valmax, valmin, BNEQ
        sjmp    siga                    ;;son iguales
BNEQ:
        jnc     siga                    ;;c==1 para valmax < valmin
        ljmp    adonde
siga:
        ENDM
```

Que se puede invocar como:

```
        BLO     A,B,adonde
        ;............................
adonde:
```

Fíjese que todo está bien, salvo que en el programa principal se lo invoque 40 o 50 veces. Este pareciera ser el Macro menos apropiado para ser convertido en rutina, ya que condicionalmente, vuelve a la instrucción siguiente a la invocación o salta a otro lado, comportamiento que no es habitual en las rutinas, que tienen una dirección fija de retorno, pero no nos olvidemos que estamos programando en Assembler por lo que podemos jugar libremente con el Stack.

Si la etiqueta la cargamos previamente en el DPTR, podremos escribir:

```
RutinaBLO:
        cjne    A,B, BNEQ
```

```
siga:           ret
BNEQ            jnc     siga
                dec     SP
                dec     SP
                push    DPL
                push    DPH
                ret
```

Que se invocaría de la siguiente forma:

```
        Mov     DPTR,# adonde
        Lcall   RutinaBLO
        ;......................
adonde:
        ;......................
```

El mismo criterio puede aplicarse a cualquier Macro para convertirlo en Rutina.

(Intente hacer esto en cualquier otro Lenguaje ...)

Algunas veces puede ser cómodo utilizar algunas de las propiedades de los Macros, pero evitando que la mayoría de sus instrucciones se copien reiteradamente en cada llamada, esto se puede conseguir combinándolos con rutinas, por ejemplo:

```
Sumatoria       MACRO           par0, par1, par2, par3, par4, par5

                IRP     reg, < par0, par1, par2, par3, par4, par5>
                        mov     R7, reg
                        lcall   rutsumatoria
                ENDM
        ENDM
```

En el programa principal tendremos:

```
        ;.......................
        sumatoria  R0, R1, R2, R3, R4, R5
        ;.......................
```

rutsumatoria:

```
        addc    A,R7
;........................
        ret
```

Con lo que aprovechamos la comodidad de las repeticiones del Macro, pero manteniendo la mayor parte del código escrito una única vez en la rutina.

Sintetizando, es razonable usar un macro cuando

- Contiene muy pocas instrucciones.

- Cuando se lo invoca pocas veces en el programa principal.

- Cuando por necesidad de la mayor velocidad de ejecución, no nos podemos permitir el retardo de la llamada a una rutina y su retorno (2 ciclos de máquina cada una).

Cuando esto no ocurre, y queremos aprovechar la comodidad de sus lazos de repeticiones, lo conveniente es combinarlos con rutinas, en las que descargaremos la mayoría de las instrucciones.

4. Operadores de Assembler

El Compilador trae una serie de operadores que le permiten realizar comparaciones y operaciones matemáticas previas a la compilación, es un error frecuente confundir estas operaciones con las que realiza el microcontrolador en el "run time", cuando en realidad las efectúa el preprocesador **antes** de realizar la compilación.

Tenemos varias categorías de operadores: Aritméticos, Binarios, Relacionales, de Clase, de Tipo y Generales, los cuales se irán describiendo en las siguientes Tablas.

Operadores Aritméticos

Operador	Precedencia	Sintaxis	Descripción
+	5	+ expresión	Signo unuario positivo
-	5	- expresión	Signo unuario negativo
+	7	Expresión + expresión	Suma
-	7	Expresión – expresión	Resta
*	6	Expresión * expresión	Producto
/	6	Expresión / expresión	División
MOD	6	Expresión MOD expresión	Módulo o resto
( )	1	(expresión)	Orden de ejecución

La Precedencia indica el orden de ejecución del operador dentro de la expresión, la cual es analizada de izquierda a derecha, cuanto menor es la precedencia su ejecución es más prioritaria.

El significado de las expresiones colocadas entre los operadores sigue las reglas generales del Assembler, lo cual simplifica su uso, por ejemplo veamos dos casos que aparentemente hacen lo mismo, sumar dos constantes, pero con los cuales se obtienen resultados muy distintos:

```
cte1    equ    12
cte2    equ    11
cseg    at     00          ;inicio un segmento
        sjmp   inicio
```

inicio:

```
        mov     A,#(cte1+cte2)
        end
```

Obviamente el mov se traducirá a: **mov A,# 0x17**, que cargará el acumulador con el hexadecimal equivalente a 23 unidades decimales, es decir la suma de las dos constantes simbólicas.

Aunque parezca similar, si hacemos:

```
cseg    at      00                      ;inicio un segmento

        sjmp    inicio
inicio:
        mov     A,#(cte1+cte2)

ORG     0x30

cte1:   db      12
cte2:   db      11

        end
```

Estamos definiendo nuevamente dos constantes e inicializándolas con los mismos valores que antes, pero ahora son constantes direccionables, en vez de simbólicas, por lo que el mov se traducirá a **mov A,# 0x61** que cargará al acumulador con la suma de las dos <u>direcciones</u> de las constantes.

<u>**Operadores Binarios**</u>

Operador	Precedencia	Sintaxis	Descripción
+	5	+ expresión	Signo unuario positivo
NOT	2	NOT expresión	Negación de Bit
AND	9	expresión AND expresión	Y Lógica de Bit
OR	9	expresión OR expresión	O Lógica de Bit
XOR	9	expresión XOR expresión	O Exclusiva Lógica de Bit
SHL	8	expresión SHR contador	Corrimiento a la Izquierda, contador veces
SHR	8	expresión SHL contador	Corrimiento a la Derecha, contador veces

Por ejemplo, si escribimos:

```
MenosCuatro      equ     -4
Cuatro           equ     4

cseg    at     00                  ;inicio un segmento

        sjmp   inicio

inicio:

        mov    A,#MenosCuatro
        mov    B,#(NOT Cuatro) + 1
```

Tanto **A** como **B** se cargarán con el mismo valor: **0xFC**
Hay que tener cuidado con la precedencia de los Operadores, si hubiera escrito **mov B,#(NOT Cuatro + 1)** el resultado hubiera sido cargar B con **0xFA.**

Operadores Relacionales

Los Operadores Relacionales comparan dos expresiones, si el resultado de la comparación es falso, dan un valor 0, en el caso de ser cierto dan un valor distinto de cero, que puede ser 0x01 o 0x0001 de acuerdo al contexto de la instrucción.

Operador	Precedencia	Sintaxis
GTE , >=	10	expresión1 GTE expresión2 expresión1 >= expresión2
LTE , <=	10	expresión1 LTE expresión2 expresión1 <= expresión2
NE , <>	10	expresión1 NE expresión2 expresión1 <> expresión2
EQ , =	10	expresión1 EQ expresión2 expresión1 = expresión2
LT , <	10	expresión1 LT expresión2 expresión1 < expresión2
GT , >	10	expresión1 GT expresión2 expresión1 > expresión2

Por ejemplo:

```
MenosCuatro    equ    -4
Cuatro         equ    4

cseg    at     00              ;inicio un segmento

        sjmp   inicio

inicio:

        mov    DPTR,#(MenosCuatro <> Cuatro)
        mov    A,#(MenosCuatro <> Cuatro)

        mov    DPTR,#(MenosCuatro NE Cuatro)
        mov    A,#(MenosCuatro NE Cuatro)


        end
```

Será compilado en ambos casos como:

```
        mov    DPTR,# 0x0001
        mov    A,# 0x01
```

Cuidado que algunos de estos Operadores, como **GTE** y **LTE** no funcionan en algunas de las versiones de A51, mientras que **>=** y **<=** lo hacen en todas. En las versiones de A251, no hay restricciones.

Operadores de Clase

Operador	Precedencia	Sintaxis	Descripción
BIT	3	BIT *expresión*	Asigna a una expresión la clase BIT
CODE	3	CODE *expresión*	Asigna a una expresión la clase CODE
IDATA	3	IDATA *expresión*	Asigna a una expresión la clase IDATA
XDATA	3	XDATA *expresión*	Asigna a una expresión la clase XDATA

Son usados para declarar la clase de una expresión o símbolo, por ejemplo cuando se declara una variable o constante como **EXTRN**.

Operadores Generales

Operador	Precedencia	Sintaxis	Descripción
LOW	2	LOW *expresión*	Asigna el Byte de menor orden de una palabra
HIGH	2	HIGH *expresión*	Asigna el Byte de mayor orden de una palabra

Por ejemplo:

```
XSEG    AT      0x12AB
var:    ds      1

cseg    at      00              ;inicio un segmento
        sjmp    inicio
inicio:

        mov     R2,# HIGH  var
        mov     R0,#LOW  var
        movx    A,@R0
        end
```

Los mov son compilados como:

```
mov     R2,# 0x12
mov     R0,#0xAB
```

5. Controles de Assembler

Estos controlan las modalidades de la operación de compilado, deben estar siempre precedidos por el signo **$**

Los controles más comunes son los descriptos a continuación:

> **$include (archivo)**
> Inserta el texto contenido en el archivo, en el programa fuente, a aquel lo busca en el directorio en el que está el programa fuente y si no lo encuentra lo busca en los directorios definidos con el control **INCDIR**

> **$incdir (path**
> En el path se puede dar una lista de directorios en los cuales se encuentran los archivos a incluir, por ejemplo: **$incdir(C:\equipo\asm\ include,D:\otros)**

> **$gen**
> Expande los Macros contenidos en el módulo, en el archivo de listado

> **$list / $nolist**
> Incluye o no el listado del texto del programa fuente en el archivo de listado

> **$eject**
> Incluye un salto de página en el archivo de listado

> **$debug**
> Instruye al compilador para incluir información para la depuración de errores en el archivo objeto.

> **$nomod51**
> El A51 incluye automáticamente la definición de todos los registros SFR del 8051, (A251 no lo hace), esto trae complicaciones cuando se quiere compilar para un derivado moderno del mismo, que tiene registros distintos de los del 51. nomod51 evita que el compilador predefina los SFR, permitiendo que la definición de los mismos se haga desde un archivo propietario.

➤ **pagelength, $pagewidth**
Dan el largo y ancho de la página de impresión.

➤ **title(texto con menos de 60 caracteres)**
Pone un título en el texto del listado

6. Ensamblado Condicional en Assembler

Ocurre a menudo que luego de diseñar un equipo se plantee la necesidad de generar distintos modelos del mismo, con mayores o menores prestaciones.

Si bien esto genera variaciones importantes en el Hardware de proyecto para cada modelo, por lo general las variaciones de software del mismo son mínimas y se pueden resolver predefiniendo algunas constantes, como cantidad de entradas y salidas, etc. y cambiando unas pocas rutinas.

De cualquier manera resulta engorroso mantener los programas fuentes de muchos modelos distintos, será conveniente entonces, tener un único fuente que sea común a todos los modelos y compilarlo para cada uno de ellos definiendo de manera distinta tan solo unas pocas constantes, generalmente en distintos archivos "header".

El ensamblado condicional posibilita esto por medio de las directivas siguientes:

Directiva	Descripción
IF expresión	Si la expresión del IF es cierta compila el bloque de instrucciones adjunto a ella.
ELSE	Si la expresión del IF es falsa compila el bloque de instrucciones adjunto al ELSE.
ELSEIF expresión	Si la expresión de los IF y ELSEIF previos son falsas compila el bloque de instrucciones adjunto a ella.
ENDIF	Termina la compilación condicional.
RESET	Setea los símbolos chequeados por los IF y ELSEIF a falsas.
SET	Setea los símbolos chequeados por los IF y ELSEIF a ciertos o a un valor especificado.

Por ejemplo, si tenemos 3 modelos diferentes podríamos escribir:

$IF   MODELO = 1
;.......................
;instrucciones correspondientes al modelo 1

```
;    ...    ...    ...    ...    ...    ...    ...   .    .
$ELSEIF MODELO = 2
;.....................
;instrucciones correspondientes al modelo 2
;    ...    ...    ...    ...    ...    ...    ...   .    .
$ELSEIF MODELO = 3
;.....................
;instrucciones correspondientes al modelo 3
;.....................
$ENDIF
;...............
;instrucciones comunes a todos los modelos
```

Entonces con solo cambiar en el **$include** el archivo "header" que se incluye, y en este definir **MODELO EQU .....** según corresponda podemos generar rápidamente los tres archivos **.hex** para grabar los tres modelos.

SEGUNDA PARTE

7. Compilación en Lenguaje C

Directivas al Compilador - Resumen -

Dentro del Sistema integrado μVision2 se compila con C51 los programas escritos en lenguaje C y cuyo archivo tenga la extensión ".c" o ".c51", también se puede compilar y encadenar por línea de comandos desde DOS, aunque en nuestro caso esta posibilidad no será analizada.

Archivos de Salida

Luego de compilar un programa fuente (.c) se obtienen los siguientes archivos

.lst   Listado con formato y errores cometidos.
.obj   código objeto (linkeable)
.i   archivo imprimible conteniendo la salida del preprocesador con código fuente expandido, macros expandidos etc.
.src   archivo de programa assembler generado por C51 que es compilable a ".obj" con A51

El nombre del archivo, salvo que se indique lo contrario, es el del archivo fuente.

Directivas de Control al Compilador

Se dan en la línea de comando DOS o en el Programa Fuente mediante **#pragma**

Algunos solo se pueden usar una única vez, al principio del programa, mientras que otros se pueden usar varias veces, estos, en lo siguiente, están indicados mediante el símbolo **(+)**.

Las que solo se pueden usar en el Programa fuente llevan como subfijo **#**.

Hay 3 tipos de directivas:

- Control del Programa Fuente
  Control del Programa Objeto
  Control del Listado

Control del Programa Fuente

➤ **define**   Se usa en el Programa Fuente como **#define modelo = 10**
para definir constantes o variables para compilación condicional, por
Ej. con **#if, #ifdef, #ifndef** (ver más adelante).

➤ **noextend**   deshabilita las extensiones del C51 hechas al ANSI C y lo
hace mas transportable, pero menos dúctil.

Control de Archivo Objeto

Son la mayoría y se usan en el programa fuente con **#pragma nombre de
la directiva en minúscula.**
Consignamos a continuación los comandos mas útiles, los Comandos acti-
vos por omisión (default) están subrayados.

➤ **aregs** / **noaregs (+)** Con aregs los registros R0 a R7 se usan con sus
direcciones absolutas (direccionamiento directo en vez de inherente),
lo que equivale a usar ARn en assembler, se puede entonces usar push
y pop con código mas compacto, pero hacen al programa sensible al
Banco que se esta usando.

El Banco de uso se declara con **#pragma registerbank(n)** con n entre 0 y 3,
esto no cambia el banco activo (como lo haría **using**), solo le dice al compilador como traducir los registros invocados.

Ej.:

```
#pragma noaregs
funcion1();
#pragma aregs
funcion2();
```

Compilado como:

```
        Lcall funcion1()
        Lcall funcion2()
        .............
funcion1:
        mov     A,R7      ; suponemos que esta función va ha usar R7, por
                          ;lo que, primero lo salva al stack
                push    Acc
                ...............
                pop     Acc
                mov     R7,A
                ret

funcion2:
                push    AR7       ; suponemos que también usa R7
                ................
                pop     AR7
                ret
```

➤ **asm / endasm**

Embebe en un programa Fuente C líneas de assembler que se copian al archivo.src tal como están.
Es para cuando todo se programa en C y las partes criticas en assembler.

Modelos de Memoria

➤ **small**

todas las variables se ubican en la RAM interna (data o idata), lo mismo para el stack.
El linker hace automáticamente overlay (solapamiento) de las variables, cuando puede.
Es el modelo más eficiente y el más rápido.

➤ **compact**

todas las variables residen en una pagina (256 bytes) de RAM externa, se las accede con **movx A,@Ri,** la página se selecciona escribiendo su número en Port2, la default es la 00, pero se puede cambiar editando

el archivo STARTUP.A51 (e incluyéndolo en el proyecto, ver más adelante), las variables hay que definirlas en el archivo fuente en el segmento **pdata.**
El stack queda en la RAM interna (idata).
Es algo mas lento que small.

➤ **large**
todas las variables se ubican en xdata (RAM externa hasta 64K)
Se acceden con **movx A,@DPTR** y el stack se mantiene en idata de la
· RAM interna
Es él más lento.

Tanto en **large** como en **compact** se pueden definir variables en la RAM interna (data o idata) explicitando su lugar de almacenamiento en la definición de las mismas, lo que es conveniente para las que son usada con mucha frecuencia como los contadores de loop.

Se invoca como:

#pragma small   (o el modelo que corresponda)

➤ **debug**
Incluye información del debugger en él ".obj" (el default es no incluir)

disable (+)
Con **#pragma disable** justo antes de la declaración de una función
se genera código para deshabilitar todas la Interrupciones, mientras
dura esa función.
Ej.:

**#pragma disable
char func1(char var)
{ return(2*var) }**

Se traduce a:

func1:	setb	C
	jbc	EA, ¿C0002
	clr	C
¿C0002:	push	PSW

```
mov     A,R7        ; var está cargada en R7
clr     C
rlc     A
mov     R7,A
pop     PSW
mov     EA,C
ret
```

➤ **floatfuzzy (n)**
Estipula con **n**, cuantos bits se redondean en un numero de punto flotante antes de hacer una comparación, el default es **3**.

➤ **intpromote / nointpromote**
Habilita o deshabilita las reglas de promoción de tipos de variables del ANSI C, por ejemplo con **intpromote**, un **if** de una variable **char** es promovida a **int**.
La promoción da un código menos eficiente para la flia. MCS-51 pero más portable.

➤ **maxargs(1 a 15)**
Es la máxima cantidad de parámetros pasados a una función en una lista de parámetros de longitud variable (default 15 para small y compacto, 40 para large).

➤ **noextend**
Deshabilita las extensiones del C51 respecto al ANSI C

➤ **optimize(0 a 6, [size | speed])**
Da el nivel y tipo de optimización, el máximo es 6.

0: optimiza saltos incondicionales, direccionamiento de variables, y calcula todas las expresiones posibles durante la compilación.

1: elimina código generado pero no usado por el programa y optimiza los saltos condicionales.

2: realiza "data overlay", es decir solapa o sobrescribe las posiciones de las variables locales de las funciones, siempre que sea posible.

3: remueve las instrucciones **mov** redundantes o las cargas frecuentes con constantes y reemplaza operaciones complejas por otras más simples, cuando es posible.

4: ubica variables y parámetros pasados a funciones en registros internos, siempre que sea posible. Si un cálculo es realizado en forma reiterada dentro de una expresión (por Ej.: for(i=0; i < **(cte1*cte2)/ cte3** ; i++)) la primera vez que se calcula se guarda su resultado, y se lo emplea luego en vez de recalcular. Se optimizan los **switch y case** mediante tablas o strings de saltos

5: se analizan las funciones para localizar subexpresiones que se calculan varias veces, guardando el resultado del primer cálculo y usándolo luego, Se optimizan los lazos de programas que llenan espacios de memoria con un mismo valor

6: se optimizan los lazos de programa, para obtener código más eficiente, y se incluyen todas las optimizaciones de los puntos anteriores

size/**speed:** se especifica si se hará hincapié en la optimización del tamaño del código o en la velocidad de ejecución, por omisión la velocidad.

➤ <u>order</u>
Ordena las variables en la memoria según el orden de su definición en el programa Fuente. El default es no ordenado.

➤ **registerbank(0) (+)**
Esta directiva **no** cambia el banco activo, solo le dice al compilador como calcular la dirección absoluta de los registros cuando se usa aregs.
Debe estar afuera del cuerpo de declaración de cualquier función.
La directiva **using** prevalece sobre esta.
El número de banco deberá estar entre 0 y 3, siendo 0 el default.

➤ <u>regparms</u> / noregparms (+)
Habilita el pasaje de hasta 3 parámetros en registros a las funciones, si son mas de tres, los restantes serán pasados usando áreas de memoria fijas. (Ver Funciones).

➤ <u>rom</u>(small | compact | <u>large</u>)
Determina la codificación de los llamados a subrutinas y saltos incondicionales.

small utiliza Acall y Ajmp, por lo que el programa tendrá que estar comprendido en 2 Kbytes de memoria.

compact usa Ajmp y Lcall, por lo que el programa puede usar 64 Kbytes de memoria, pero ninguna función podrá ser mayor de 2Kbytes.

large usa Lcall y Ljmp, por lo que queda disponible todo el mapa de memoria.

➤ **save / restore (+)**
Salva el estado de las directivas utilizadas hasta el momento en la memoria de la PC, pudiéndose recuperar el mismo luego con restore. Se usa, por ejemplo cuando se hace un include de un archivo con #pragmas propios.

➤ **src [(filename)]**
Luego de la compilación y el encadenamiento se crea un archivo fuente en Assembler en vez de un archivo .obj, se puede dar un nombre opcionalmente a este archivo.
El fuente generado podrá ser luego agregado a un proyecto de Assembler puro.

Control de Listado

Estos modifican en formato y contenido al archivo .lst que genera la compilación, los más importantes son:

➤ **code**
Agrega al listado del programa fuente C un listado del código assembler generado.

➤ **listinclude**
Agrega el listado especifico del contenido de los archivos incluidos.

➤ **symbols**
Incluye el listado y datos de todos los símbolos usados en el programa.

➤ **pagelength(n)**
Da el largo de página siendo **n** la cantidad de renglones.

Jorge A. Alberto

➤ **pagewidth(n)**
Da el ancho de página siendo **n** la cantidad de caracteres por renglón.

➤ **eject**
Agrega el caracter "nueva página" para expulsar la hoja al imprimir.

8. Extensiones del Lenguaje al ANSI C

Se analizaran las extensiones del compilador, propias del C51 para la familia MCS-51, las que se pueden desactivar mediante **#pragma noextend** si se desea un programa más transportable, aunque menos eficiente.

Áreas de Memorias

Las memorias de datos se subdividen en diversas zonas, de acuerdo a la arquitectura de MCS-51.

Ram Interna:

- **data** los 128 primeros bytes de la RAM interna, direccionables directa e indirectamente.

- **idata** los 256 primeros bytes de la RAM interna (para los micros de la familia que los poseen, a partir del modelo 52) direccionables en forma indirecta con **mov @Ri, ...** (incluye los **data** definidos anteriormente). En los modelos 51, coincide con data.

- **bdata** los 16 bytes direccionables a bit, comprendidos entre 0x20 y 0x2f.

RAM Externa:

- **xdata** los 64 Kbytes de memoria externa direccionables con la instrucción **movx @DPTR,...**

- **pdata** los 256 bytes de una pagina, direccionables mediante **movx @Ri,..**
  el número de página puede variarse, escribiéndolo en el Port 2.

Memoria de Programa:

- **code** los 64 Kbytes direccionables mediante **movc** ....

Tipos de Variables

La declaración de variables tiene algunos agregados al ANSI C, por Ej.

[modificador] tipo de variable   [tipo de memoria]   nombre de variable incializador (sí corresponde)

El agregado más importante es el área o tipo de memoria donde se localiza la variable, si esto no se explicita, se usara el default según el modelo de memoria adoptado.
Los modificadores son los mismos del ANSI C (**signed, unsigned, static**, etc.), mientras que los tipos de memoria son los definidos en el párrafo anterior.

Los tipos de variables son:

- **bit**   bits = 1 Bytes = --   Rango = 0 a 1

  Se declaran como

    bit semaforo0;
    bit semaforo1;

y son ubicadas en el segmento direccionable a bit de la RAM interna.

No se pueden declarar punteros ni arrays de bits.

- **signed char**   bits = 8   Bytes = 1   Rango = -128 a +127
- **unsigned char** bits = 8   Bytes = 1   Rango = 0 a 255
- **enum**   bits = 16   Bytes = 2   Rango = -32768 a +32767
- **signed shor t** bits = 16   Bytes = 2   Rango = -32768 a +32767
  signed int
- **unsigned short** bits = 16   Bytes = 2   Rango = 0 a 65535
  unsigned int
- **signed long**   bits = 32   Bytes = 4   Rango = ±2147483647
- **unsigned long** bits = 32   Bytes = 4   Rango = 0 a 4294967295
- **float**   bits = 32   Bytes = 4   Rango = ±1.17E-38 a ±3.40E+38

Para los iniciadores se siguen las mismas reglas del ANSI C.

Objetos direccionables a Bits

Son variables que se pueden acceder tanto como bytes o como bits, deben declararse en el segmento bdata o pertenecer a los SFR direccionables a bits (aquellos cuya dirección sea múltiplo de 8, es decir terminadas en 8 o 0 en notación hexadecimal) y se definen con sbit.
Por ejemplo:

```
char  bdata  status;
sbit  evento0  = status ^ 0;
sbit  evento1  = status ^ 1;
sbit  evento2  = status ^ 2;
```

La expresión siguiente al caracter ^ es la posición física del bit dentro de la variable que lo antecede.
Si la variable tiene un solo byte (char) la posición lógica coincide con la física, pero si tiene mas de un byte, la posición lógica depende del orden de almacenamiento de la variable.
Por ejemplo, si un int es almacenado a partir de la posición 0x20 de la RAM, como Intel utiliza en esta familia un método Finiano Grande, es decir, primero almacena la parte alta de la variable (0x20) y luego la parte baja (0x21), el bit lógico 0 corresponde a 0x21.0 mientras que variable ^ 0 corresponderá a 0x20.0 que es el bit lógico 8.

No se puede usar sbit con una variable del tipo float, sin embargo si se desea este acceso, se puede usar una unión con un float y un long y acceder por bits al long de la misma.
Por ej:

```
union  flotante
{   float nf;
    long nl;
} uf;
sbit          sgno = uf.nl ^ 7;
```

El bit **sgno** queda definido como el signo de la variable de punto flotante (ver como está organizado un float en memoria, más adelante).

- **sfr**

C51 trae archivos para incluir, con las definiciones de los Sfr (Special Funtion Register) de cada modelo, sin embargo si uno quiere darle nombres particulares, lo puede hacer declarando:

- **sfr Port0   = 0x80;**

Donde la expresión que sigue al igual es la dirección del Sfr, en el rango de 0x80 a 0xff.

- **sfr16**

Sirve para definir aquellos Sfr que tienen 16 bits, por ejemplo:

sfr16   Dptr = 0x82;

Aquí DPL estará en 0x82 y DPH en 0x83 ya que Intel usa almacenamiento Finiano Chico para los Registros (primero la parte baja y luego la alta) ¡Para qué la vamos a hacer fácil, si la podemos complicar!

También se puede acceder a los bits individuales de aquellos Sfrs con direcciones múltiplos de 8 (terminadas en 0 u 8) definiendo:

sbit   nombre = address bit

Donde el address bit se calcula como **(dirección del sfr + número del bit).**

Por ejemplo el bit EA de habilitación global de interrupciones es el bit 7 del registro IE (cuya dirección es 0xA8) quedando:

sbit   EA   =   0xAF;   /* A8 + 07 */

Otra forma posible de definir un bit en un Sfr es:

sbit   EA   =   IE ^ 7 /* si previamente se definio sfr IE = 0xA8 */

Tipos de variables en direcciones absolutas de memoria

Se pueden definir variables en posiciones absolutas de memoria declarando mediante el modificador **_at_**

```
xdata  int i            _at_   0x12fa;
data      char cc    _at_   0x5a;
```

Almacenamiento de las Variables, según su tipo

Las variables de tipo **char** se almacenan en un único byte.

Las variables de tipo **int, short y enum** se almacenan en dos bytes, en el de dirección menor (dirección base) se escribe el byte más significativo MSB, y en el siguiente (dirección base + 1) el menos significativo LSB

Las variables de tipo **long** se almacenan en 4 bytes, estando el MSB en la dirección base, el MSBL en la dirección siguiente, luego el LSBH y finalmente en dirección base +3 el LSB

Por ejemplo:

Int x = 0x1234
long y = 0xfedcba98

Si la dirección base para x fuera la 0x10 tendríamos:

0x10: 12	**// MSB de x**
0x11: 34	**// LSB de x**
0x12: fe	**// MSB de y**
0x13: dc	**// MSBL de y**
0x14: ba	**// LSBH de y**
0x15: 98	**// LSB de y**

Las variables de Punto Flotante se almacenan siguiendo la Norma IEEE- 754, usan el siguiente formato:

Dirección	Base	Base + 1	Base + 2	Base + 3
Contenido	SEEE EEEE	EMMM MMMM	MMMM MMMM	MMMM MMM

Donde S representa el signo (1 = negativo, 0 = positivo).

E son el complemento a dos del exponente con offset de 127.

M son los 23 bits de mantisa normal, como el primer bit siempre es 1 no se guarda.

Por ejemplo, el número –130,5 se codificaría como:

Dirección	Base	Base + 1	Base + 2	Base + 3
Significado	S EEE EEEE	EMMM MMMM	MMMM MMMM	MMMM MMMM
Contenido	1 1 0 0 0 0 1 1	0 0 0 0 0 0 1 0	1 0 0 0 0 0 0 0	0 0 0 0 0 0 0 0

Donde el signo es negativo (1).
El exponente viene dado por 1000 0110 = 134 en decimal, que al restarle 127 nos da un exponente de 7
La mantisa viene dada por 00000101000000000000000.
Se sobreentiende que la misma está precedida por un punto decimal y el 1 (que no se escribe), como entero, quedándonos entonces:

    1.00000101000000000000000

Si a este número le aplicamos el exponente de 7, nos queda

    10000010.1000000000000000

Donde la parte entera es 10000010 = 130

Y la parte fraccionaria es .1 es decir $1 * 2^{-1}$ igual a 0.5

Si adicionamos la parte entera y la fraccionaria con el signo hallado, tenemos:

    -130.5 que es el número originariamente guardado.

La Norma IEEE define también valores para indicar los errores que se cometen al operar en punto flotante, dando tres de estos casos:

NaN (not a number) número inválido como 0x FFFFFFF
+INF infinito positivo (overflow positivo) como 0x7F80000
-INF infinito negativo (overflow negativo) como 0xFF80000

El compilador permite testear fácilmente estos casos mediante la función:

unsigned char _chkfloat_(float valor)

Retornando:

- 0 = número correcto

- 1 = número nulo

- 2 = +INF

- 3 = - INF

- 4 = NaN

9. Punteros

C51 soporta dos tipos de punteros, los **genéricos** a la usanza del ANSI C y los punteros a un **tipo específico de memoria**.

Punteros Genéricos

Estos que pueden apuntar a un tipo de variable residente en cualquier tipo y área de memoria, son menos eficientes, ya que tienen que almacenar a cual memoria apuntan, además de tener espacio para guardar la dirección de la memoria más grande que acepte el microcontrolador, así un puntero genérico se definirá como:

```
char    *ds ;
int     *di                                          ;
```

Estará formado por tres Bytes de memoria:

Primer Byte   = Código del tipo y área de memoria que apunta.
Segundo Byte = Parte alta de la dirección
Tercer Byte   = Parte baja de la dirección

El primer byte se codifica de la siguiente manera:

idata | data | bdata   = **0x00**
xdata   = **0x01**
pdata   = **0xFE**
memoria de programa   = **0xFF**

En el caso de idata, data o bdata el segundo byte se carga con 0x00. Por ejemplo, si escribimos:

#pragma src (LibroC51.a51)

char data caracint;
char data carac;

char xdata caracext;

```
char *punchar;
void main(void)
{
punchar = &caracint;
punchar = &caracext;
}
```

El archivo **LibroC51.a51** generado, nos da en esencia:

; LibroC51.a51 generated from: .\LibroC51.c

NAME   LIBROC51

?PR?main?LIBROC51	SEGMENT CODE	;*segmento reubicable de código*
?DT?LIBROC51	SEGMENT DATA	;*segmento reubicable de RAM interna*
?XD?LIBROC51	SEGMENT XDATA	;*segmento reubicable de RAM externa*

```
    EXTRN CODE (?C_STARTUP)
    PUBLIC      punchar
    PUBLIC      caracext
    PUBLIC      carac
    PUBLIC      caracint
    PUBLIC      main

    RSEG  ?DT?LIBROC51
caracint:   DS  1
carac:      DS  1
punchar:    DS  3   ;reserva tres bytes en RAM interna para el puntero

    RSEG  ?XD?LIBROC51
caracext:  DS  1
```

; void main(void)

```
    RSEG  ?PR?main?LIBROC51
main:
                ; SOURCE LINE # 7
;{
                ; SOURCE LINE # 8
```

```
; punchar = &caracint;
        ; SOURCE LINE # 9
    MOV   punchar,#00H                      ;codifica con 00 por apuntar a
                                            una variable
    MOV   punchar+01H,#HIGH (caracint )  ;en data, y guarda la parte alta
                                            de la direcc.
    MOV   punchar+02H,#LOW (caracint)  ;aunque esta, siempre será 00
; punchar = &caracext;
        ; SOURCE LINE # 10
    MOV   punchar,#01H                      ;codifica con 01 por apuntar a
                                            una variable
    MOV   punchar+01H,#HIGH (caracext) ;en xdata, y guarda la parte
                                            alta y baja
    MOV   punchar+02H,#LOW (caracext)  ; de la direcc.
; }
                ; SOURCE LINE # 11
    RET
; END OF main

        END
```

NOTA: los comentarios en itálica a la derecha son agregados míos.

Tampoco es demasiado eficiente la codificación resultante del uso de estos punteros genéricos, veamos por ejemplo como se codificaría una instrucción tan sencilla como la que sigue

punchar = &caracint
carac = *punchar;

  Daría:

```
        mov         R3,#00
        mov         R2,#00
        mov         R1,#caracint
        mov         punchar, R3
        mov         punchar+1, R2
        mov         punchar+2, R1
        lcall       C?CLDPTR
        mov         carac,A
        ..............................
```

```
C?CLDPTR:
     jne  R3,#0x01, C?CLDPTR2
           mov     DPL,R1
           mov     DPH,R2
           movx    A,@DPTR
           ret
C?CLDPTR2:
           jnc     C?CLDPTR3
           mov     a,@R1
           ret
C?CLDPTR3:
           cjne    R3,#0XFE, C?CLDPTR4
           movx    A,@R1
           ret
C?CLDPTR4:
           mov     DPL,R1
           mov     DPH,R2
           clr     A
           movc    A,@A+DPTR
           ret
```

Si bien es bastante largo, tampoco es para dramatizar, ya que la rutina **C?CLDPTR** aparecerá una única vez en el programa, aunque las seis primeras líneas antes del **lcall** se agregarán cada vez que se asigne a un puntero. Lo que sí conviene tomar en cuenta es que, trabajar con estos punteros es muy lento.

Punteros Específicos

Estos apuntan a variables que residen en zonas especificadas de la memoria del microcontrolador lo cual se debe explicitar en la declaración del puntero:

char data *puncharint;
char xdata *puncharext;
long code *puncharcte;

De esta forma se requieren dos bytes para almacenar punteros a **code y xdata** y solo uno para punteros a **data, idata, bdata y pdata,** ya que en ninguno de los casos se guarda el byte de código de memoria.

También se puede especificar <u>dónde</u> se almacenará el puntero en sí, por ejemplo:

char data * xdata puncharint;   // puntero a data almacenado en RAM externa

long code * data puncharcte; // puntero a memoria de programa almacenado
                                    en // RAM interna

Probemos ahora el mismo código que antes, pero usando un puntero específico

#pragma src (LibroC51.a51)

```
char data caracint;
char data notacint;

char xdata caracext;

char data *punchar;
void main(void)
{
punchar = &caracint;
notacint = *punchar;

}
```

Que será compilado como:

```
; LibroC51.a51 generated from: .\LibroC51.c

RSEG  ?DT?LIBROC51
  caracint:  DS  1
  notacint:  DS  1
  punchar:   DS  1        ;note que se reserva solo 1 byte

RSEG  ?XD?LIBROC51
  caracext:  DS  1

RSEG  ?PR?main?LIBROC51
main:
          USING  0
```

```
; punchar = &caracint;
                MOV     punchar,#LOW (caracint)
; notacint = *punchar;
        MOV     R0,punchar
        MOV     A,@R0
        MOV     notacint,A
        RET

; END OF main

        END
```

Puede verse que el código es mucho más compacto y por ende más rápido, por lo cual deberá elegirse este tipo de puntero, toda vez que se pueda sacrificar la flexibilidad de los genéricos

Conversión de Punteros

Cuando un puntero específico es pasado como parámetro a una función que requiere un puntero genérico, como por ejemplo **printf, gets, etc.** Esta conversión es realizada automáticamente por C51.

También puede usarse el **casting** para forzar la conversión de un puntero, por ejemplo:

```
#pragma src (LibroC51.a51)

char data caracint;
char data notacint;
char  *punchar;
void main(void)
{
punchar = &caracint;
notacint = * (char data * )punchar;    /* se pide la conversión de un
                                        puntero genérico a uno específico*/

}
```

Se compilará de la siguiente manera:

```
    RSEG  ?PR?main?LIBROC51
main:
    USING       0
; {
; punchar = &caracint;

    mov  R3,#00H
    mov  R2,#HIGH (caracint)
    mov  R1,#LOW (caracint)
    mov  punchar,R3
    mov  punchar+01H,R2
    mov  punchar+02H,R1
; notacint = *(char data *)punchar;

    mov  R0, punchar+02H
    mov  A,@R0
    mov  notacint,A
;
; }

    ret
```

Hay una conversión automática que realiza C51 que es realmente escalofriante, y que si no se tiene en cuenta, genera errores bastantes difíciles de ubicar.

Nota de Atención: Los punteros específicos pasados como parámetros a funciones externas al módulo serán convertidos a genéricos, toda vez que el prototipo de la función no esté presente en el módulo.

Esto generará errores si la función fue declarada en otro módulo y espera un puntero específico a un arrea determinada de memoria, para evitarlos use **#include <archivo con prototipo de función externa>**

10. Funciones

Declaración de Funciones

Para declarar una función se sigue los lineamientos de ANSI C, con algunos agregados escritos en negrita, a saber

[tipo de retorno] nombre de la función ([argumentos]) **[tipo de memoria]**
[tipo de función][using n]
Donde:

Tipo de retorno: es el tipo de valor de retorno devuelto por la función, si no se especifica, se toma **int** como default.

Argumentos: lista de argumentos pasados a la función.

Tipo de memoria: es el modelo de memoria que se aplica para la función, puede especificarse una de las siguientes:
small, compact o large,
esto permite que en un programa con un modelo de memoria **large** o **compact** se pueda definir a algunas funciones con un modelo **small,** lo que hace que sus variables locales se almacenen en la RAM interna de la CPU, con un consiguiente agilizamiento del acceso.

Tipo de función: puede especificarse una de las siguientes: **[reentrant]**
[interrupt n]
donde la primera indica que la función es recursiva y la segunda que es una rutina de atención a la interrupción número n.

using (n): indica cual es el número de Banco de Registros que se utilizará en la función.
Esto produce que, al compilar la función, se genere código automáticamente para:

- Salvar en el stack el PSW y por consiguiente el número de Banco activo (RS0 y RS1) en la llamada a la función.
- Modificar el PSW para activar el Banco especificado.
- Reponer el PSW original al retornar de la función.

Nota de Atención: No debe utilizarse la directiva **using** en funciones que retornen valores en los registros

---

Pasaje de Parámetros a las funciones

Dado lo limitada que es la memoria RAM interna y dado que esta es utilizada para implementar el stack, se prefiere por lo general no pasar los parámetros en dicho stack sino utilizar los Registros de los Bancos.

Si se especifica **#pragma regparms,** C51 permite pasar hasta tres parámetros en los registros del Banco activo, esto es cierto con algunas limitaciones, como se desprende de la siguiente tabla:

Posición del Argumento pasado	Tipo de Argumento	Registro en cual se pasa
1	char, puntero de 1 byte	R7
1	int, puntero de 2 bytes	R6 y R7
1	long, float	R4 a R7
1	Puntero genérico, 3 bytes	R1 a R3
2	char, puntero de 1 byte	R5
2	int, puntero de 2 bytes	R4 y R5
2	long, float	R4 a R7
2	Puntero genérico, 3 bytes	R1 a R3
3	char, puntero de 1 byte	R3
3	int, puntero de 2 bytes	R2 y R3
3	long, float	
3	Puntero genérico, 3 bytes	R1 a R3

Vemos claramente que si bien se pueden pasar en los Registros hasta tres parámetros, no todas las combinaciones de los mismos son posibles, por ejemplo, si quisiera pasar

void myfuntion (char * p1, float fm, int n)

Tendría una incompatibilidad entre el primer argumento **char *p1**, que al ser un puntero genérico ocupa los registros R1 al R3, y el tercero que al ser un **int** ocupa R2 y R3.

Tampoco podría pasar tres punteros genéricos.

El compilador se ocupa de estos problemas, y aquellos argumentos que no puede pasar en los registros, los ubica en posiciones fijas de RAM interna.

Nota de Atención: si el primer parámetro pasado a una función es del tipo **bit,** los restantes parámetros **no** son pasados por Registros, por esta razón si es necesario pasar un bit como dato a una función, este se pasa como **último** parámetro de la lista.

Valores Retornados por Funciones

Todos los valores retornados por las Funciones quedan almacenados en los Registros internos de la CPU, según su tipo, como lo indica la siguiente tabla:

Tipo Retornado	Registro	Descripción
Bit	Carry	
char, unsigned char, puntero de 1 byte	R7	
int, unsigned int, puntero de 2 bytes	R6 y R7	MSB en R6, LSB en R7
long, unsigned long	R4 al R7	MSB en R4, LSB en R7
Float	R4 al R7	Formato 32-Bit IEEE
Puntero Genérico	R1 al R3	Tipo de memoria en R3, MSB en R2 y LSB en R1

Bancos de Registros

Uno de los errores comunes al empezar a programar en estos lenguajes es perder el control de cual Banco de Registros está activo y cual es el Banco registrado para las funciones, con lo cual es común que los parámetros sean pasados o recibidos en registros incorrectos.

El microcontrolador, luego del Reset, pone en 0 el PSW, lo cual activa el Banco 0, esto puede ser cambiado mediante la directiva **using**, en forma global, declarándola en el cuerpo del programa, o localmente, utilizándola en el prototipo de una función.

Si el programa principal usa un Banco determinado, digamos el 0, e invoca a una rutina declarada con **using 1** se debería cambiar de Banco en el programa principal antes de cargar los registros con los argumentos a pasar a la función, y luego de tomar los resultados de retorno, reponer el Banco original, el 0.

Esto hace que el cambio de Banco en la rutina sea redundante, y exige mucha atención al programador.

Una solución más elegante es especificar en el principio del programa principal **#pragma aregs** y antes de cargar los registros con los argumentos a pasar, invocar a **#pragma registerbank(1)** con el número de Banco que utilizará la función, esto no genera código adicional pero hace que la dirección absoluta que se asigna a los registros corresponda a los del Banco de la función, evitando errores.

Como regla general, antes de llamar a una rutina que usa el banco n, hacer **#pragma registerbank(n)** y cargar los registros correspondientes con direccionamiento directo (Arx), llamar a la función y luego de su retorno tomar los resultados de la misma manera, quedando luego en libertad de modificar o no a registerbank(n), según convenga.

Funciones de atención a Interrupciones

El microcontrolador básico de la familia provee 5 vectores para las rutinas de interrupciones internas y externas, según lo mostrado en la siguiente tabla:

Interrupción Número:	Descripción	Vector
-	RESET	0x0000
0	EXTERNA INT 0	0x0003
1	TIMER/COUNTER 0	0x000B
2	EXTERNA INT 1	0x0013
3	TIMER/COUNTER 1	0x001B
4	PUERTO SERIE	0x0023

En los derivados modernos de este microcontrolador aparecen nuevas fuentes de interrupciones, tanto internas como externas, C51 prevé hasta 32 (0 a 31) vectores para ellas entre las direcciones 0x0003 y 0x00FB, separadas por 8 bytes cada uno.

Esta tabla de Vectores puede ser modificada por medio de dos directivas al Compilador:

#pragma interval(n)
#pragma intvector(m)   / nointvector

El valor default de **n** es 8 y para **m** es 0.

Intvector impone al Compilador, crear automáticamente una tabla de vectores, para las funciones que lo requieran, donde cada vector se compone de un salto incondicional a la función, (ajmp o ljmp, según corresponda), ubicado en la dirección: **n*x)+m+3** donde **x** es el número de interrupción.

Nointvector evita la creación automática de la tabla de vectores, permitiendo crearla por otros medios.

El Compilador genera automáticamente un vector cuando encuentra una función declarada con el atributo **interrupt** incluido en la declaración. Este atributo toma un argumento entre 0 y 31 para su vinculación con la fuente de la interrupción y para generar la dirección del vector, la declaración de una función de interrupción quedaría de la siguiente forma:

void   IrqTimer0(void) interrupt 1 using 2
{ ......}

Nota de Atención: Como es obvio una rutina de atención a una interrupción **no puede recibir ni devolver valores** por lo que cualquier parámetro o retorno asociado con una función declarada **interrupt** será rechazado por el compilador con justa indignación.
También el Compilador rechazará cualquier invocación por software a estas funciones, ya que la terminación de las mismas (reti), afecta al hardware del microcontrolador (inhabilita a otras interrupciones de menor o igual prioridad).
¡¡No existe ninguna razón para que en C las tratemos distinto que en Assembler!!

Este atributo genera código automáticamente al compilar, con las siguientes particularidades:

- El contenido de los Registros **A, B, DPTR** y **PSW** serán guardados en el stack, al principio de la función, si es requerido el uso de alguno de ellos dentro de la misma, y serán repuestos antes de terminarla .
- Los Registros de Trabajo usados dentro de la función serán salvados en el stack si no se especifica en la declaración un Banco propio mediante el atributo **using**. Los Registros "pusheados" serán repuestos al fin de la función.
- La función compilada a Assembler será terminada con un **reti.**

Podemos ver como ejemplo la generación de una rutina de atención al timer0 a fin de implementar un primitivo reloj:

```
#pragma src (LibroC51.a51)

int minutos = 0;
int horas = 0;

void tiempo(void) interrupt 1 using 3
{ minutos++;
        if(minutos >= 60)
        {
                minutos = 0;
                horas++;
                if(horas >= 24)
                        horas = 0;
        }
}
```

Si la compilamos, obtendríamos el siguiente código:

```
; LibroC51.a51 generated from: .\LibroC51.c


NAME                            LIBROC51

?PR?tiempo?LIBROC51    SEGMENT CODE
?C_INITSEG                     SEGMENT CODE
?DT?LIBROC51               SEGMENT DATA
```

```
PUBLIC horas
PUBLIC minutos
PUBLIC tiempo

        RSEG  ?DT?LIBROC51
  minutos:  DS  2
    horas:  DS  2

        RSEG  ?C_INITSEG
        DB    002H
        DB    minutos
        DW    00000H

        DB    002H
        DB    horas
        DW    00000H

; #pragma src (LibroC51.a51)
;
; int minutos = 0;
; int horas = 0;
;
CSEG   AT      0000BH
       LJMP    tiempo

; void tiempo(void) interrupt 1 using 3

        RSEG  ?PR?tiempo?LIBROC51
        USING 3
tiempo:
        PUSH   ACC
        PUSH   PSW
               ; SOURCE LINE # 6
; { minutos++;
               ; SOURCE LINE # 7
        INC    minutos+01H
        MOV    A,minutos+01H
        JNZ    ?C0004
        INC    minutos
?C0004:
;       if(minutos >= 60)
               ; SOURCE LINE # 8
```

```
        CLR    C
        SUBB   A,#03CH
        MOV    A,minutos
        XRL    A,#080H
        SUBB   A,#080H
        JC     ?C0003
;       {
                   ; SOURCE LINE # 9
;       minutos = 0;
                   ; SOURCE LINE # 10
        MOV    minutos,#00H
        MOV    minutos+01H,#00H
;       horas++;
                   ; SOURCE LINE # 11
        INC    horas+01H
        MOV    A,horas+01H
        JNZ    ?C0005
        INC    horas
?C0005:
;       if(horas >= 24)
                   ; SOURCE LINE # 12
        SUBB   A,#018H
        MOV    A,horas
        XRL    A,#080H
        SUBB   A,#080H
        JC     ?C0003
;                  horas = 0;
                   ; SOURCE LINE # 13
        MOV    horas,#00H
        MOV    horas+01H,#00H
;       }
                   ; SOURCE LINE # 14
; }
                   ; SOURCE LINE # 15
?C0003:
        POP    PSW
        POP    ACC
        RETI
; END OF tiempo

        END
```

Note cómo automáticamente la compilación ha generado código para salvar los registros que necesitaba, ha generado el vector y segmentos necesarios y ha incluido el **reti** al final de la misma.

Si desde dentro de la rutina de interrupción invoca a otras rutinas, cerciórese de que estas usen el mismo Banco de Registros, mediante **using** o **registerbank** sino los resultados serán impredecibles, a veces es más seguro trabajar con **#pragma noaregs.**

Las variables locales establecidas dentro de las rutinas de interrupción son ubicadas por el Linker en segmentos no solapables, es conveniente entonces definir la menor cantidad de variables locales a fin de ahorrar espacio de memoria interna.

Nota de Atención: Así como el Compilador rechazará cualquier invocación por software a estas funciones, la inversa también es cierta, cualquier función definida en el programa, pero que nunca es invocada, no es tomada al compilar como un error, sino como una potencial rutina de interrupción.
Como las variables de estas se definen en segmentos no solapables, ocasionan un gasto innecesario de memoria.

Funciones Recursivas y Reentrantes

Cuando una función puede ser invocada **simultáneamente** por otra función o por el programa principal, y por una rutina de interrupción, decimos que es **reentrante.**

Cuando una función puede auto invocarse a sí misma decimos que es **recursiva.**

En ambos casos los parámetros y variables locales de estas funciones no podrán ser guardados en posiciones fijas de memoria.

Afectando la definición de la función con el atributo **reentrant** se instruye al compilador a crear un stack para aquellos valores, la ubicación del mismo depende del modelo de memoria usado.

Para el modelo **small** el stack reentrante se crea en **idata.**

Para el modelo **compact** el stack reentrante se crea en **pdata**

Para el modelo **large** el stack reentrante se crea en **xdata**

Esto se puede cambiar a gusto especificando el atributo de modelo de memoria en la definición de la función.

Deben tenerse varios cuidados con este tipo de funciones:

- No deben usarse parámetros ni variables locales del tipo **bit,** estos no son soportados por la reentrada.

- Debe tenerse en cuenta que las direcciones de retorno se siguen guardando en el stack normal, y dado lo escaso del mismo, se debe minimizar el apilado excesivo de registros.

Sea muy cauto en el uso de este tipo de funciones.

11. Preprocesador y Archivos de inicialización

Directivas al Preprocesador

El Preprocesador de C51 soporta todas las directivas estipuladas por ANSI C, sintácticamente estas deben comenzar en la columna 0 del archivo fuente y estar encabezadas por el signo #.

Una breve síntesis de las mismas es la siguiente:

#pragma ....   Directiva de control al Compilador, que también puede ser especificada en la línea de comando.

#define Define un macro o constante al Preprocesador.

#include <...> o "..."   Indica al Preprocesador que incluya en el archivo fuente el contenido de otro archivo, el nombre del mismo se da encerrado entre <> si se encuentra en el directorio prefijado como **include** en el Sistema definido en el menú Principal, opción *Project*, *Options for Target*, solapa *C51*, campo de texto *Include Paths*, o encerrado entre comillas, si está presente en el mismo directorio que el programa fuente.

#if   Si ....
#else   En caso contrario ...
#elif   En caso contrario si .....
#ifdef   Si está definida ....
#ifndef   Si no está definida ....
#endif   Fin de la ejecución condicional

Todas las anteriores sirven para compilación condicional, en el caso de ser verdadera la condición, se compilarán todas las líneas del bloque de programa del if.
Esto es realmente útil cuando un mismo programa, con muy pocas variaciones se puede aplicar a varios modelos de un mismo equipo, como vimos anteriormente en el Assembler. El criterio a emplear es incluir en el programa fuente, el código correspondiente a todos los modelos encerrando las particularidades de cada uno dentro del bloque de un **#if (modelo == n)**, de esta forma definiendo el número de modelo antes de compilar se obtendrá el objeto para cada uno de ellos.

Constantes de Procesamiento

El Preprocesador también ofrece una serie de constante predefinidas, útiles para guardar en el archivo de listado información sobre los parámetros de compilación, según lo muestra la siguiente tabla:

Constante	Descripción
_ _C51_ _	Número de versión de C51 con que se compila
_ _DATE_ _	Fecha del momento de compilación
_ _TIME_ _	Hora del momento de compilación
_ _LINE_ _	Número de línea actual en el archivo que se está compilando
_ _MODEL_ _	Modelo de memoria con que se está compilando (0 = small, 1 = compact, 2 = large)
_ _FILE_ _	Nombre del archivo que se está compilando
_ _STDC_ _	1 si se está compilando según ANSI C, sin agregados

Esta constantes pueden ser usadas tanto en las directivas al Procesador, al Preprocesador como en mismo código C.

Archivos de Inicialización

En el directorio LIB hay una serie de archivos, que pueden ser incluidos en el Proyecto, y que permiten ser previamente editados, para adecuarlos a las características de Hadware y software del mismo.

Startup.A51

Este archivo está escrito en Assembler y en caso de ser útil, habrá que incluirlo en el proyecto.

Su código se invocará por el Vector de Reset, configurándose como el "arranque" del programa, su listado se consigna más abajo y como se desprende de su análisis permite:

- Limpiar (cargar con 00) la memoria RAM interna, la RAM externa y la RAM paginada, según se desee.

- Inicializar el stack reentrante y su puntero, para los tres tipos de memoria.
- Inicializar el stack pointer de hardware del microcontrolador
- Transferir el control a la función main del C

Todas estas posibilidades son editables, como veremos luego

```
;--------------------------------------------------------------------------
; This file is part of the C51 Compiler package
; Copyright (c) 1988-1999 Keil Elektronik GmbH and Keil Software, Inc.
;--------------------------------------------------------------------------
; STARTUP.A51:  This code is executed after processor reset.
;
; To translate this file use A51 with the following invocation:
;
;    A51 STARTUP.A51
;
; To link the modified STARTUP.OBJ file to your application use the following
; BL51 invocation:
;
;    BL51 <your object file list>, STARTUP.OBJ <controls>
;
;--------------------------------------------------------------------------
;
; User-defined Power-On Initialization of Memory
;
; With the following EQU statements the initialization of memory
; at processor reset can be defined:
;
;                   ; the absolute start-address of IDATA memory is always 0
IDATALEN      EQU    80H   ; the length of IDATA memory in bytes.
;
XDATASTART    EQU    0H    ; the absolute start-address of XDATA memory
XDATALEN      EQU    0H    ; the length of XDATA memory in bytes.
;
PDATASTART    EQU    0H    ; the absolute start-address of PDATA memory
PDATALEN      EQU    0H    ; the length of PDATA memory in bytes.
```

```
;
; Notes:  The IDATA space overlaps physically the DATA and BIT areas of the
;         8051 CPU. At minimum the memory space occupied from the C51
;         run-time routines must be set to zero.
;-----------------------------------------------------------------------------
;
; Reentrant Stack Initilization
;
; The following EQU statements define the stack pointer for reentrant
; functions and initialized it:
;
; Stack Space for reentrant functions in the SMALL model.
IBPSTACK          EQU    0          ; set to 1 if small reentrant is used.
IBPSTACKTOP       EQU    0FFH+1     ; set top of stack to highest location+1.
;
; Stack Space for reentrant functions in the LARGE model.
XBPSTACK          EQU    0          ; set to 1 if large reentrant is used.
XBPSTACKTOP       EQU    0FFFFH+1;  set top of stack to highest location+1.
;
; Stack Space for reentrant functions in the COMPACT model.
PBPSTACK          EQU    0          ; set to 1 if compact reentrant is used.
PBPSTACKTOP       EQU    0FFFFH+1;  set top of stack to highest location+1.
;
;-----------------------------------------------------------------------------
;
; Page Definition for Using the Compact Model with 64 KByte xdata RAM
;
; The following EQU statements define the xdata page used for pdata
; variables. The EQU PPAGE must conform with the PPAGE control used
; in the linker invocation.
;
PPAGEENABLE       EQU    0          ; set to 1 if pdata object are used.
PPAGE             EQU    0          ; define PPAGE number.
;
;-----------------------------------------------------------------------------

                  NAME    ?C_STARTUP


?C_C51STARTUP  SEGMENT   CODE
```

```
?STACK          SEGMENT   IDATA

                RSEG    ?STACK

                DS      1

                EXTRN CODE (?C_START)
                PUBLIC  ?C_STARTUP

                CSEG    AT      0
?C_STARTUP:     LJMP    STARTUP1

                RSEG    ?C_C51STARTUP

STARTUP1:

IF IDATALEN <> 0
                MOV     R0,#IDATALEN - 1
                CLR     A
IDATALOOP:      MOV     @R0,A
                DJNZ    R0,IDATALOOP
ENDIF

IF XDATALEN <> 0
                MOV     DPTR,#XDATASTART
                MOV     R7,#LOW (XDATALEN)
  IF (LOW (XDATALEN)) <> 0
                MOV     R6,#(HIGH XDATALEN) +1
  ELSE
                MOV     R6,#HIGH (XDATALEN)
  ENDIF
                CLR     A
XDATALOOP:      MOVX    @DPTR,A
                INC     DPTR
                DJNZ    R7,XDATALOOP
                DJNZ    R6,XDATALOOP
ENDIF

IF PPAGEENABLE <> 0
                MOV     P2,#PPAGE
ENDIF
```

```
IF PDATALEN <> 0
                MOV     R0,#PDATASTART
                MOV     R7,#LOW (PDATALEN)
                CLR     A
PDATALOOP:      MOVX    @R0,A
                INC     R0
                DJNZ    R7,PDATALOOP
ENDIF


IF IBPSTACK <> 0
EXTRN DATA (?C_IBP)

                MOV     ?C_IBP,#LOW IBPSTACKTOP
ENDIF

IF XBPSTACK <> 0
EXTRN DATA (?C_XBP)

                MOV     ?C_XBP,#HIGH XBPSTACKTOP
                MOV     ?C_XBP+1,#LOW XBPSTACKTOP
ENDIF

IF PBPSTACK <> 0
EXTRN DATA (?C_PBP)
                MOV     ?C_PBP,#LOW PBPSTACKTOP
ENDIF

                MOV     SP,#?STACK-1
                LJMP    ?C_START

                END
```

En caso de incluir este archivo a su proyecto deberá editar los valores de la constantes predefinidas, para adecuarla a su proyecto.

Por ejemplo será

IDATALEN   EQU   80H si utiliza un 8051 o un derivado con 128 bytes de RAM interna accesible y

IDATALEN   EQU   100H si se usa un 8052 o un derivado con 256 bytes de RAM accesible.

Con **XDATASTART** se indicará la dirección de inicio de la RAM externa y con **XDATALEN** su longitud en bytes.

De la misma manera se van llenando los valores que se usarán, la inclusión de este archivo es interesante en el caso de usar funciones reentrantes, ya que define rápidamente el seudo stack.

INIT.A51

Este archivo trae el código necesario para la inicialización explícita de variables, y un macro para la inicialización del Watchdog (si es que el modelo de microcontrolador que usamos lo tiene incluido).

Por lo general es preferible inicializar las variables en el código del programa y no en su definición, con lo que se puede obviar la inclusión de este archivo.

Rutinas de entrada salida

Todas las funciones de entrada/salida como **printf(), scanf()**, etc, están orientadas por default a sacar o ingresar caracteres por la puerta serie del controlador.

Si en cambio nuestro hardware posee otras unidades de entrada/salida como un display LCD o un teclado, podemos modificar las rutinas básicas que llaman aquellas funciones, para adaptarlas a nuestras necesidades.

Los archivos **putchar.c** y **getkey.c** contienen las definiciones de las rutinas de bajo nivel **putchar()** y **_getkey()** que son llamadas por las funciones de "stream" de datos, permitiéndonos editarlas a gusto.

De la misma forma los archivos **calloc.c, malloc.c, realloc.c, free.c e init_mem.c,** son editables y permiten ajustar las reservas, liberaciones, etc. de memoria a las particularidades de nuestro hardware.

Convención para denominar a los Segmentos

Todos los objetos creados por C51, código, variables, constantes, etc. son ubicados en segmentos absolutos o reubicables.

Por norma el C51 denomina a estos segmentos incluyendo el nombre del módulo en el cual se origina (nombre del archivo, sin extensión) más un prefijo, encerrado por signos de pregunta (?) que indica que tipo de memoria se utiliza para el segmento, según la siguiente tabla:

Prefijo	Tipo de Memoria	Descripción
?PR?	Programa	Código ejecutable
?CO?	Programa	Valor constante en memoria de prog.
?XD?	xdata	Memoria RAM externa
?DT?	data	Memoria Ram interna
?ID?	idata	Memoria Ram interna direcc. Indirectamente
?BI?	Bit	Bit en Memoria Ram interna
?BA?	Bdata	Memoria Ram interna direcc. a bit
?PD?	Pdata	Memoria Ram externa paginada

Los objetos de código generados por el Compilador adoptan también estos prefijos, a los que se les agrega el nombre de la función y del módulo, por ejemplo el segmento asignado para la función **test()** que está ubicada en el módulo **prueba.c** recibirá el nombre de **? PR?TEST?PRUEBA** utilizando mayúsculas para uniformizar.

Los segmentos del mismo tipo, con el mismo nombre, pero provenientes de módulos distintos, son considerados como partes del mismo segmento (segmentos parciales).
Es importante que cada función tenga su propio segmento de programa, ya que esto es usado como referencia por el Linker en el proceso de solapado de los segmentos de datos.

Un segmento de datos puede también ser definido con el atributo **OVERLAY** o **NOOVERLAY** para imponer al Linker el uso o no de esta propiedad.

Objetos de Datos

Las variables declaradas en un módulo C generan un segmento para cada tipo de memoria donde se ubiquen

Nombre del Segmento	Objeto de Datos
?CO?*Nombre_del_Módulo*	Constantes direccionables (strings o constantes inicializadas)
?DT?*Nombre_del_Módulo*	Objetos declarados en la clase Data
?XD?*Nombre_del_Módulo*	Objetos declarados en la clase Xdata
?ID?*Nombre_del_Módulo*	Objetos declarados en la clase Idata
?BI?*Nombre_del_Módulo*	Objetos declarados como Bits
?BA?*Nombre_del_Módulo*	Objetos declarados en la clase Data dentro del área direccionable a bit
?PD?*Nombre_del_Módulo*	Objetos declarados en la clase Pdata

Estos objetos, variables o constantes, se ubican en segmentos que se generan según la siguiente convención de nombres:

Objetos de Programa

Cada función generada en C51 constituye un Objeto de Programa, que incluye su código, y es asignado a un segmento propio, usando la siguiente convención de nombre: **?PR?nombre_funcion?nombre_modulo**,

También los parámetros que no les son pasados por registros, se ubican en segmentos que deben ser declarados públicos por los módulos que las invocan, con la siguiente convención de nombres:

?nombre_funcion?BYTE
?nombre_funcion?BIT

Las variables locales de las funciones también generan segmentos propios, siendo estos solapables para el Linker (**overlayable),** según el tipo de modelo de memoria usado tendremos:

Objeto	Segmento	Nombre del Segmento
Modelo de Memoria Small		
Programa	**code**	?PR?nombre_funcion?nombre_modulo
Variables Locales	**data**	?DT?nombre_funcion?nombre_modulo
Variables Locales de Bit	**bit**	?BI?nombre_funcion?nombre_modulo
Modelo de Memoria Compact		
Programa	**code**	PR?nombre_funcion?nombre_modulo
Variables Locales	**pdata**	?PD?nombre_funcion?nombre_modulo
Variables Locales de Bit	**bit**	?BI?nombre_funcion?nombre_modulo
Modelo de Memoria Large		
Programa	**code**	?PR?nombre_funcion?nombre_modulo
Variables Locales	**xdata**	?XD?nombre_funcion?nombre_modulo
Variables Locales de Bit	**bit**	?BI?nombre_funcion?nombre_modulo

Algunos Ejemplos de Invocación de funciones C desde el Assembler

Nota de atención Cuando invocamos desde un módulo Assembler a una función definida en un módulo C, el nombre de esta puede sufrir algunos cambios, según se describe a continuación:

Si en C definimos **void funcion(void)** es decir una rutina que no tiene argumentos o que estos no se le pasan en registros, se referenciará en el módulo Assembler como: **EXTRN FUNCION, LCALL FUNCION.**

Si en C definimos **void funcion(int)** es decir una rutina que tiene argumentos y que estos se le pasan en los Registros, se referenciará en el módulo Assembler como: **EXTRN _FUNCION, LCALL _FUNCION.**

Si en C definimos **void funcion(void) reentrant** es decir una rutina reentrante, se referenciará en el módulo Assembler como:
EXTRN _?FUNCION, LCALL _?FUNCION.

En el ejemplo siguiente vemos como se referencia desde el Assembler una rutina C que recibe parámetros en los Registros

```
#pragma REGPARMS        /* habilitamos el pasaje por registros */
#pragma SMALL
#pragma ROM (SMALL)
PUBLIC div_int
        int  div_int( int, int) ;               /* prototipo de la función */

        signed int  div_int( int a,int b)
        {
                return ( a/b);
        }
```

Si deseamos dividir un **int** ingresado en los Ports P1 y P2, por una constante, invocaremos desde el Assembler:

```
EXTRN  CODE ( _DIV_INT)            ;función a la que se le pasan los
                                   ;argumentos en Registros

dseg     at      0x30

resultado:       ds      2

cseg
                 ;............
                 mov     R7,P1              ;cargo LSB del dato
                 mov     R6,P2              ;cargo MSB del dato
                 mov     DPTR,#CTE
                 clr     A
                 movc    A,@A+DPTR ;leo la cte. y la paso a los Registros
                 mov     R4,A                       ;MSB en divisor
                 inc     DPTR
                 clr     A
                 movc    A,@A+DPTR          ;LSB en divisor + 1
                 mov     R5,A
                 lcall   _DIV_INT           ;lo divido por la constante
                 mov     resultado,R6               ;Transfiero el resulta-
do
                 mov     resultado+1,R7
                 ;...............

CTE:    DW      321

        end
```

Note el agregado de "_" en el nombre de la función.

Otra posibilidad de invocación, es utilizando variables globales, definidas en el Módulo Assembler, para pasarle argumentos a la función:

```
            EXTRN  CODE (DIV_INT)  ;función a la que NO se le pasan los
                                   ;argumentos en Registros
            PUBLIC va, vb, resultado

dseg     at      0x30

va:              ds      2
vb:              ds      2
resultado:       ds      2

cseg
                 ;............
                 mov     va+1,P1          ;cargo LSB del dato
                 mov     va,P2            ;cargo MSB del dato
                 mov     DPTR,#CTE
                 clr     A
                 movc    A,@A+DPTR        ;leo la cte. y la paso a los
                                          variables
                 mov     vb,A             ;MSB del divisor
                 inc     DPTR
                 clr     A
                 movc    A,@A+DPTR        ;LSB del divisor
                 mov     vb+1,A
                 lcall   DIV_INT          ;divido por la constante
                 ;...............

CTE:     DW      321

         end
```

Note que ahora el nombre que se le da a la función en el módulo Assembler, no lleva "_", y además se declaran tres variables **públicas,** lo cual, en el módulo C, les da una categoría de globales. Deberémos efectuar las siguientes modificaciones:

Jorge A. Alberto

```
#pragma NOREGPARMS
#pragma SMALL
#pragma ROM (SMALL)

PUBLIC  div_int
extern   va,vb,resultado;

        void  div_int( void) ;


        void  div_int()
        {
        resultado = va / vb;
        }
```

12. Librerías

La mayor parte de las rutinas incluidas en las Librerías que acompañan al C51 responden al ANSI C, pero en algunos casos se ha adaptado el tipo de variable, tanto de argumentos como de retorno de las mismas, a fin de minimizar el tamaño de la memoria utilizada.

Algunas de estas Librerías relacionadas con las operaciones de I/O se encuentran en código fuente en vez de objeto, con el fin de permitir su fácil adaptación al hardware en uso.

Las Librerías que acompañan a C51 son:

Librería	Descripción
C51S.LIB	Lib. para Modelo Small sin aritmética de Punto Flotante
C51FPS.LIB	Lib. para Modelo Small con aritmética de Punto Flotante
C51C.LIB	Lib. para Modelo Compact sin aritmética de Punto Flotante
C51FPC.LIB	Lib. para Modelo Compact con aritmética de Punto Flotante
C51L.LIB	Lib. para Modelo Large sin aritmética de Punto Flotante
C51FPL.LIB	Lib. para Modelo Large con aritmética de Punto Flotante
80C751.LIB	Lib. para 8xC751 de Signetics y sus derivados.

Algunas de las funciones que traen estas Librerías son intrínsecas o en otras palabras Macroinstrucciones y no son llamadas como funciones por el programa convocante, sino que su código es copiado cada vez que se las invoca, esto es obviamente de ejecución más rápida, pero consume mucha memoria de programa, por lo que se recomienda cautela en su uso, tal como lo hicimos con los Macros de Assembler. Las rutinas con estas características son:

crol   _cror_   _irol_   _iror_   _lrol_   _lror_
nop   _testbit_

De cualquier forma, en caso de necesidad se las puede convertir rápidamente en rutinas, invocándolas <u>dentro</u> de una función, por única vez.

Estas librerías contienen también Macros muy útiles para el acceso directo a las memorias del Controlador, ya sea en el área de Código (memoria de Programa) con **CBYTE** y **CWORD,** en la RAM interna con **DBYTE** y **DWORD,** y en la RAM externa con **PBYTE, PWORD, XBYTE** y **XWORD** en forma paginada o absoluta.

Las definiciones de estas Macroinstrucciones están hechas de la siguiente forma:

#define DBYTE ((unsigned char volatile idata *) 0)
#define DWORD ((unsigned int volatile idata *) 0)

#define CBYTE ((unsigned char volatile code *)0)
#define CWORD ((unsigned int volatile code *) 0)

#define PBYTE ((unsigned char volatile pdata *) 0)
#define PWORD ((unsigned int volatile pdata*) 0)

#define XBYTE ((unsigned char volatile xdata*) 0)
#define XWORD ((unsigned int volatile xdata*) 0)

La forma de usarlos es sencilla:

var= DBYTE [0x002A];   /* copia el contenido de una posición
                              de memoria, en una variable*/
DBYTE [0x002A] = 29;   /* escribe un valor en una posición de memoria*/

El manejo de las restantes es similar, con la salvedad que **CBYTE** y **CWORD** solo son de lectura.

Un detalle extra para los Macros destinados a Words, en estos casos el número que se le pasa al Macro como argumento no es un valor de dirección absoluta, sino el número de objeto, es decir

#define DWORD ((unsigned int volatile idata *) 0)
var= DWORD [0x0003];

En este caso **var** quedará cargada con el contenido de la palabra existente en la dirección 0x0006 de la memoria, es decir el tercer entero a partir de la dirección inicial,
dirección del objeto = argumento del Macro * sizeof(unsigned int) = 0x0006

Descripción de las Rutinas por Categorías

Manipulación de Buffers

Están destinadas a la manipulación de buffers o arrays de caracteres genéricos, es decir sin la terminación convencional de los strings (\0).
Los prototipos de estas funciones se encuentran en el archivo **string.h** que
debe ser incluido en el programa.

void *memccpy (

void *dest,	/* buffer donde se copia */
void *src,	/* buffer desde el que se copia */
char c,	/* caracter que finaliza la copia */
int *len*);	/* máxima cantidad de bytes a copiar */

#include <string.h>
Descripción: La función **memccpy** copia caracteres desde *src* a *dest*. Los
char son copiados hasta que se copie el caracter **c** o se copien **len** bytes, lo
que ocurra primero.
Retorno: retorna un puntero al byte en **dest** que sigue al último carácter
copiado o un puntero NULL si el último carácter copiado fue **c**.

void *memchr (

void *buf,	/* buffer donde se busca */
char c,	/* caracter buscado */
int *len*);	/* máxima longitud del */

#include <string.h>
Descripción: memchr barre **buf** buscando el caracter **c** en los primeros
len bytes del mismo
Retorno: retorna un a puntero al caracter **c** si lo encuentra o caso contrario
un puntero NULL.

char memcmp (

void *buf1,	/* 1er buffer */
void *buf2,	/* 2do buffer */
int *len*);	/* máxima cantidad de bytes a comparar*/

#include <string.h>
Descripción: memcmp compara los primeros *len* bytes de dos buffers, *buf1*
y *buf2* y retorna un valor según el resultado de la comparación

Retorno: retorna un valor positivo, negativo, or cero, según sea:
Negativo (< 0) si *buf1* < *buf2*
Cero (= 0) si *but1* == *buf2*
Positivo (> 0) si *buf1* > *buf2*

void *memcpy (
        void *dest,   /* buffer destino */
        void *src,   /* buffer fuente */
        int *len*);   /* máxima cantidad de bytes a copiar */
#include <string.h>
Descripción: copia los primeros *len* bytes de *src* a *dest*.
No garantiza la copia en caso de solapamiento entre los buffers, en este caso es preferible usar la función **memmove**.
Retorno: retorna el puntero *dest*.

void *memmove (
        void *dest,   /* buffer destino */
        void *src,   /* buffer fuente */
        int *len*);   /* máxima cantidad de bytes a mover */
#include <string.h>
Descripción: copia los primeros *len* bytes de *src* a *dest*. Garantiza la copia en caso de solapamiento.
Retorno: retorna el puntero *dest*.

void *memset (
        void *buf,   /* buffer a inicializar */
        char *c*,   /* ccccaracter de inicialización */
        int *len*);   /* longitud del buffer */
#include <string.h>
Descripción: rellena los primeros len bytes de buf con el caracter c.
Retorno: retorna el puntero *dest*.

NOTA: Todas estas funciones, salvo memccpy() son reentrantes.

Conversión y clasificación de caracteres

Están destinadas a la clasificación de caracteres individuales y a la conversión de algunas de sus características.
Los prototipos de estas funciones se encuentran en el archivo ctype.**h** que debe ser incluído en el programa.

bit isalnum (char *c*);   /*c caracter a probar */
#include <ctype.h>
Descripción: Prueba si *c* es un carácter alfanumérico (**'A'-'Z'**, **'a'-'z'**, **'0'-'9'**).

bit isalpha (char *c*);   /*c caracter a probar */
#include <ctype.h>
Descripción: Prueba si *c* es un carácter alfabético (**'A'-'Z'** or **'a'-'z'**).

bit iscntrl (char c);   /*c caracter a probar */
#include <ctype.h>
Descripción: Prueba si *c* es un carácter de control (**0x00-0x1F or 0x7F**).

bit isdigit (char c);   /*c caracter a probar */
#include <ctype.h>
Descripción: Prueba si *c* es un carácter decimal (**'0'-'9'**).

bit isgraph (char c);   /*c caracter a probar */
#include <ctype.h>
Description: Prueba si *c* es un carácter imprimible (no incluye el espacio). (**0x21-0x7E**).

bit isprint (char c);   /*c caracter a probar */
#include <ctype.h>
Descripción: Prueba si *c* es un carácter imprimible (incluye el espacio). (**0x20-0x7E**).

bit islower (char c);   /*c caracter a probar */
#include <ctype.h>
Descripción: Prueba si *c* es un carácter alfabético minúsculo (**'a'-'z'**).

bit ispunct (char c);   /*c caracter a probar */
#include <ctype.h>
Descripción: Prueba si *c* es un carácter de puntuación según la siguiente lista:

          ! " # $ % & ' ( ) * + , - . / : ; < = > ? @ [\ ] ^ _ ` { | } ~

bit isspace (char c);   /*c caracter a probar */
#include <ctype.h>
Descripción: Prueba si c es un espacio en blanco (**0x09-0x0D or 0x20**).

bit isupper (char c);   /*c caracter a probar */
#include <ctype.h>
Descripción: Prueba si c es un carácter alfabético miyúsculo (**'A'-'Z'**).

bit isxdigit (char c);   /*c caracter a probar */
#include <ctype.h>
Descripción: Prueba si c es un dígito hexadecimal (**'A'-'Z'**, **'a'-'z'**, **'0'-'9'**).

Retorno: Todas estas funciones retornan un bit en 1, si la comparación es exitosa, caso contrario dicho bit en cero.

---

char toascii (char c);   /*c valor a convertir */
#include <ctype.h>
Descripción: convierte c a un caracter ASCII de 7-bit.
Retorno: el caracter convertido.

char toint (char c);   /*c caracter a convertir */
#include <ctype.h>
Descripción: Convierte un carácter ASCII en un entero, interpretando c como un dígito hexadecimal, es decir que caracteres ASCII de **'0'** a **'9'** generan valores de 0 a 9.
Caracteres ASCII de **'A'** a **'F'** y de **'a'** a **'f'** generan valores de 10 to 15.
Si el valor de c no es un dígito hexadecimal, la función retorna –1.
Retorno: el valor hexadecimal del caracter c.

char tolower (char c);   /*c caracter a convertir */
#include <ctype.h>
Descripción: Convierte un carácter ASCII alfabético a minúscula, si c no es alfabético, la función no tiene efecto.
Retorno: el valor de c convertido a minúscula siempre que sea posible.

char toupper (char c);   /*c caracter a convertir */
#include <ctype.h>

Descripción: Convierte un carácter ASCII alfabético a mayúscula, si c no es alfabético, la función no tiene efecto.
Retorno: el valor de c convertido a mayúscula siempre que sea posible.

NOTA: Todas estas funciones son reentrantes.

Conversión de tipo de datos

Estas funciones convierten el tipo de una variable a otro formato.
Los prototipos de estas funciones se encuentran en **stdlib.h** y en **math.h**

int abs (int x);
#include <math.h>
Retorno: retorna el valor absoluto de la variable entera pasada como argumento.

char cabs (char x);
#include <math.h>
Retorno: retorna el valor absoluto del entero con formato caracter pasado como argumento.

long labs (long x);
#include <math.h>
Retorno: retorna el valor absoluto del entero con formato long pasado como argumento.

float atof (void *string);
#include <stdlib.h>
Descripción: la función **atof** convierte un *string,* apuntado por el argumento entregado a la función, en un valor de punto flotante, siempre que la secuencia de caracteres ASCII pueda ser interpretada como tal, es decir que presente la siguiente secuencia:
_{+ | -}_ *digito* _. digito_ _{e | E} _{+ | -}_ *digito_*
donde:
digito es uno o más dígitos decimales.
Retorno: retorna el valor en punto flotante resultante de la traducción del string.

int atoi (void *string);
#include <stdlib.h>
Descripción: la función **atoi** convierte un *string* en un valor entero.
El *string* debe tener una secuencia que pueda ser interpretada como un entero, es decir:
espacios en blanco _{+ | -}_ *digitos*
donde*:*
digitos puede ser uno o más digitos decimales.
Retorno: retorna el valor entero resultante de la traducción del string.

long atol (void *string);
#include <stdlib.h>
Descripción: la función **atol** convierte *string* en un valor entero del tipo **long**, se requiere que el formato del string sea:
espacios en blanco _{+ | -}_ *digitos*
donde:
digitos puede ser uno o más digitos decimales.
Retorno: retorna el valor entero con formato **long** resultante de la traducción del string.

Matemáticas

Estas funciones realizan operaciones matemáticas con operandos en formato de punto flotante.
Los prototipos de estas funciones se encuentran en **math.h** y en **intrins.h**

float acos (float x);
#include <math.h>
Descripción: La función **acos** calcula el arco coseno del parámetro x expresado en punto flotante, el valor de x debe estar comprendido entre $-1 <= x <= 1$
Retorno: retorna un valor en punto flotante, comprendido entre 0 y π , correspondiente al
arco coseno del argumento.

float asin (float x);
#include <math.h>
Descripción: La función **asin** calcula el arco seno del parámetro x expresado en punto flotante, el valor de x debe estar comprendido entre $-1 \le x \le 1$.
Retorno: retorna un valor en punto flotante, comprendido en el rango de $-\pi/2$ a $\pi/2$, correspondiente al arco seno del argumento.

float atan (float x);
#include <math.h>
Descripción: La función **atan** calcula el arco tangente del parámetro x expresado en punto flotante.
Retorno: retorna un valor en punto flotante, comprendido en el rango de $-\pi/2$ a $\pi/2$, correspondiente al arco tangente del argumento.

float atan2 (float y, float x);
#include <math.h>
Descripción: La función **atan2** calcula el arco tangente del cociente *y / x* expresado en punto flotante y su signo, para determinar el cuadrante.
Retorno: retorna un valor en punto flotante, comprendido en el rango de $-\pi$ to π, correspondiente al arco tangente del cociente de los argumentos.

float cos (float x);
#include <math.h>
Descripción: La función **cos** calcula el coseno del parámetro x expresado en punto flotante.
El valor de x debe estar comprendido entre -65535 y 65535, caso contrario el resultado será un **NaN.**
Retorno: retorna un valor en punto flotante, comprendido en el rango de -1 to 1, correspondiente al coseno del argumento.

float cosh (float x);
#include <math.h>
Descripción: La función **cosh** calcula el coseno hiperbólico del parámetro x expresado en punto flotante.
El valor de x debe estar comprendido entre -65535 y 65535, caso contrario el resultado será un **NaN.**
Retorno: retorna un valor en punto flotante, correspondiente al coseno hiperbólico del argumento.

float sin (float x);
#include <math.h>
Descripción: La función **sin** calcula el seno del parámetro x expresado en punto flotante.
El valor de x debe estar comprendido entre -65535 y 65535, caso contrario el resultado será un **NaN.**
Retorno: retorna un valor en punto flotante, comprendido en el rango de -1 to 1, correspondiente al seno del argumento

float sinh (float x);
#include <math.h>
Descripción: La función **sinh** calcula el seno hiperbólico del parámetro x expresado en punto flotante.
El valor de x debe estar comprendido entre -65535 y 65535, caso contrario el resultado será un **NaN.**
Retorno: retorna un valor en punto flotante, correspondiente al seno hiperbólico del argumento.

float tan (float x);
#include <math.h>
Descripción: La función **tan** calcula la tangente del parámetro x expresado en punto flotante.
El valor de x debe estar comprendido entre -65535 y 65535, caso contrario el resultado será un **NaN.**
Retorno: retorna un valor en punto flotante, correspondiente a la tangente del argumento

float tanh (float x);
#include <math.h>
Descripción: La función **tanh** calcula la tangente hiperbólica del parámetro x expresado en punto flotante.
El valor de x debe estar comprendido entre -65535 y 65535, caso contrario el resultado será un **NaN.**
Retorno: retorna un valor en punto flotante, correspondiente a la tangente hiperbólica del argumento.

float exp (float x);
#include <math.h>
Descripción: La función **exp** calcula la función exponencial del parámetro x expresado en punto flotante.

Retorno: retorna un valor en punto flotante, correspondiente a la función e^x del argumento.

float log (float x);
#include <math.h>
Descripción: La función **log** calcula el logaritmo natural del parámetro x expresado en punto flotante, usando como base a **e** o sea 2.718282.
Retorno: retorna un valor en punto flotante, correspondiente a la función l_n del argumento.

float log10 (float x);
#include <math.h>
Descripción: La función **log10** calcula el logaritmo decimal del parámetro x expresado en punto flotante, usando como base a 10.
Retorno: retorna un valor en punto flotante, correspondiente a la función **log** del argumento.

float pow (float x, float y);
#include <math.h>
Descripción: La función **pow** calcula la expresión x^y de los parámetros expresados en punto flotante.

Retorno: retorna un valor en punto flotante, correspondiente a la función x^y de los argumentos.
Si $x \neq 0$ e $y = 0$, **pow** retorna 1.
Si $x = 0$ e $y \leq 0$, **pow** retorna **NaN**.
Si $x < 0$ e y no es un entero, **pow** retorna **NaN**.

float sqrt (float x);
#include <math.h>
Descripción: La función **sqrt** calcula la raíz cuadrada del parámetro expresado en punto flotante.
Retorno: retorna un valor en punto flotante, correspondiente al valor positivo de $\sqrt{x}$.

Jorge A. Alberto

float modf (float x, float *ip);
#include <math.h>
Descripción: La función **modf** separa al parámetro **x** expresado en punto flotante en una parte entera y una fraccionaria.
Retorno: retorna un puntero a un valor de punto flotante con signo, correspondiente al valor de la parte fraccionaria de x.

float fabs (float x);
#include <math.h>
Descripción: La función **fabs** determina el valor absoluto del parámetro **x** expresado en punto flotante.
Esta función es reentrante.
Retorno: retorna el valor absoluto del parámetro **x**.

float floor (float x);
#include <math.h>
Descripción: La función **floor** determina el mayor número entero menor que **x**.
Retorno: retorna el valor del mayor número entero menor que **x**.

float ceil (float x);
#include <math.h>
Descripción: La función **ceil** determina el menor número entero mayor que **x**.
Retorno: retorna el valor del menor número entero mayor que **x**.

int rand (void);
#include <stdlib.h>
Descripción: La función **rand** genera un número pseudo-random en el rango de 0 a 32767.
Esta función es reentrante.
Retorno: retorna el valor del número seudo aleatorio.

void srand (int x);
#include <stdlib.h>
Descripción: La función **srand** genera la semilla usada para la inicialización del pseudo-generador aleatorio, este último generará la misma secuencia de valores para cada valor de la semilla.
Retorno: ninguno.

Las siguientes rutinas son reentrantes e intrínsecas.

unsigned char _chkfloat_ (float x);
#include <intrins.h>
Descripción: La función **_chkfloat_** detecta el status de una variable de punto flotante.
Retorno: **_chkfloat_** retorna un **unsigned char** que contiene la siguiente información de acuerdo a su valor:
0 Número de punto flotante standard
1 Número de punto flotante de valor 0
2 +INF (overflow positivo)
3 -INF (overflow negativo)
4 NaN (Not a Number) indica que se ha cometido un error.

unsigned char _crol_ (unsigned char x, unsigned char y);
unsigned char _cror_ (unsigned char x, unsigned char y);
#include <intrins.h>
Descripción: El macro **_crol_** rota el carácter sin signo **x, y** bits a la izquierda.mientras que **_cror_** lo hace a la derecha.
Retorno: retorna el valor de c rotado.

unsigned int _irol_ (unsigned int x, unsigned char y);
unsigned int _iror_ (unsigned int x, unsigned char y);
Descripción: similares a las anteriores, pero en este caso lo que se rota es un entero con formato **unsigned int.**

unsigned long _lrol_ (unsigned long x, unsigned char y);
unsigned long _lror_ (unsigned long x, unsigned char y);
Descripción: similares a las anteriores, pero en este caso lo que se rota es un entero con formato **unsigned long.**

Reserva de Memoria

Para las siguientes funciones, Keil suministra el código fuente, el cual es editable para adaptar el bloque de memoria al hardware de cada caso particular.
Antes de invocar cualquiera de estas funciones se debe inicializar el bloque de memoria usando **init_mempool** con los valores de dirección y tamaño de la memoria donde se van a hacer las reservas.

void init_mempool (void xdata *p, unsigned int size);
#include <stdlib.h>
Descripción: La función **init_mempool** inicializa el bloque de memoria del cual luego se servirán **calloc, free, malloc,** and **realloc** para cumplir con sus funciones

El argumento **p** apunta a la dirección inicial del bloque de memoria en **xdata** que será utilizado para la reserva de memoria.

El parámetro **size** da la cantidad de bytes que tiene el bloque.

Retorno: no da retorno.

void *realloc (void xdata *p, unsigned int size);
#include <stdlib.h>
Descripción: La función **realloc** cambia el tamaño de un bloque previamente inicializado.

El argumento **p** es un puntero al inicio del bloque inicializado previamente mediante **init_mempool,** y **size** especifica la nueva cantidad de bytes que se le asignan.

El contenido del bloque existente es copiado al nuevo bloque, quedando sin inicializar las áreas extras agregadas.

Retorno: Retorna un puntero al nuevo bloque, o un puntero nulo si no hay suficiente memoria para alojar al bloque, en este caso el bloque original no es afectado.

void *malloc (unsigned int size);
#include <stdlib.h>
Descripción: La función **malloc** reserva **size** bytes dentro del bloque de memoria previamente definido.

Retorno: Retorna un puntero a la zona reservada, o un puntero nulo si no hay sufuciente memoria para satisfacer la reserva.

void *calloc (unsigned int x, unsigned int y);
#include <stdlib.h>
Descripción: La función **calloc** reserva memoria para un array de **x** elementos de **y** bytes cada uno, es decir la cantidad reservada será de **x * y** bytes, cada uno de los elemntos es inicializado a 0

Retorno: Retorna un puntero a la zona reservada, o un puntero nulo si no hay sufuciente memoria para satisfacer la reserva.

void free (void xdata *p);
#include <stdlib.h>
Descripción: La función **free** libera un bloque de memoria previamente reservado, **p** es un puntero a la zona a liberar.
Retorno: no da retorno.

Manejo de Strings

Por definición del ANSI C un String es un arreglo (array) de caracteres (unsigned char, por lo general) terminado con el carácter "\0" (es decir el número 00), en el caso de querer manipular arrays sin esta terminación, se deberán utilizar las funciones definidas antes, bajo el título de "manipulación de buffers"

Describiremos primero a las rutinas con carácterísticas <u>reentrantes</u>:

char *strchr (const char *string, char c);
#include <string.h>
Descripción: La función **strchr** busca en *string* la primer aparición del carácter **c,** incluyendo en la búsqueda al carácter terminador del string.
Retorno: retorna un puntero a la posición de **c** dentro del string o un puntero nulo si no lo encuentra.

char strcmp (char *string1, char *string2);
#include <string.h>
Descripción: La función **strcmp** compara el contenido de *string1* y *string2* y retorna un valor indicando el resultado de la comparación.
Retorno: retorna los siguientes valores según sea la comparación de *string1 y string2:*

Retorno < 0 si *string1 < string2*
Retorno = 0 si *string1 == string2*
Retorno > 0 si *string1 > string2*

char *strcpy (char *dest, char *origen);
#include <string.h>
Descripción: La función **strcpy** copia **origen** en *dest* y agrega un caracter de terminación "\0" al final de dest.
Retorno: Retorna un puntero a *dest*.

int strlen (char *_string_);
#include <string.h>
Descripción: La función **strlen** calcula la cantidad de bytes de **string** sin incluir en ella al carácter terminador
Retorno: Retorna un entero con la cantidad de bytes que ocupa el string.

int strpos (const char *_string_, char c);
#include <string.h>
Descripción: La función **strpos** busca en **string** la primer aparición del carácter **c,** se incluye el terminador en la búsqueda
Retorno: Retorna el offset de la posición de **c** respecto al inicio del string, o (-1) si no lo encuentra.

char *strrchr (const char *_string_, char c);
#include <string.h>
Descripción: La función **strrchr** busca en **string** la última aparición de **c**, se incluye el terminador en la búsqueda.
Retorno: Retorna un puntero a la última aparición de **c** o un puntero nulo si no lo encuentra.

int strrpos (const char *_string_, char c);
#include <string.h>
Descripción: La función **strrpos** busca en **string** la última aparición de **c**, se incluye el terminador en la búsqueda.
Retorno: Retorna el offset de la posición de la última aparición **c** respecto al inicio del string, o (-1) si no lo encuentra.

Las funciones descriptas a continuación, <u>no son reentrantes.</u>

char *strcat (char *string, char *app);
#include <string.h>
Descripción: La función **strcat** concatena el string **app** al final del **string** y agrega el terminador.
Retorno: Retorna un puntero a **string**.

char *strncat (char *string, char *app, int len);
#include <string.h>
Descripción: La función **strncat** concatena los primeros **len** caracteres de **app** al final de **string** y agrega el terminador.
Si la longitud de **app** es menor que **len** caracteres, se copiarán los caracteres que tenga **app** incluyendo el terminador.
Retorno: Retorna un puntero a **string**.

int strcspn (char *string, char *lista);
#include <string.h>
Descripción: La función **strcspn** busca en **string** la primer ocurrencia de cualquiera de los caracteres presentes en el string **lista.**
Retorno: Retorna el offset de la posición del primer carácter de **lista** que se haya encontrado den **string,** en el caso de que ninguno hubiera coincidido retornará la longitud de **string**.

char strncmp (char *string1, char *string2, int len);
#include <string.h>
Descripción: La función **strncmp** compara el contenido de los primeros **len** caracteres de *string1* con los correspondientes de *string2* y retorna un valor indicando el resultado de la comparación.
Retorno: retorna los siguientes valores según sea la comparación de los primeros **len** caracteres de *string1 y string2:*

Retorno < 0 si *string1 < string2*
Retorno = 0 si *string1 == string2*
Retorno > 0 si *string1 > string2*

char *strncpy (char *string, char *origen, int len);
#include <string.h>
Descripción: La función **strncpy** copia los primeros **len** caracteres de **origen** a partir de **string** y agrega un caracter de terminación "\0" al final de este.
Si **origen** tiene menos de **len** caracteres, **string** se completa con carcteres "\0".
Retorno: Retorna un puntero a **string**.

char *strpbrk (char *_string_, char *_lista_);
#include <string.h>
Descripción: La función **strpbrk** busca en **string** la primera ocurrencia de cualquiera de los caracteres presentes en el string **lista,** el terminador no está incluído en la búsqueda.
Retorno: Retorna un puntero al carácter de **string** que coincida con el carácter de **lista,** o un puntero nulo si no hubiera ninguna coincidencia.

int strspn (char *string, char *lista);
#include <string.h>
Descripción: La función **strspn** busca el primer caracter de **string** que no coincida con ninguno de los caracteres del string **lista**
Retorno: Retorna el offset de la posición del primer carácter de **string** que no coincida con ninguno de los de **lista,** en el caso de que todos hubieran coincidido retornará la longitud de **string.**

Funciones de Entrada/Salida

La totalidad de estas funciones utilizan como canal, tanto de entrada como de salida, al puerto serie del procesador, invocando a la función **_getkey,** para leerlo y a **putchar** para escribirlo.
En el caso de usarlas tal como están, es necesario inicializar previamente dicho puerto en la rutina de inicialización posterior al reset.

Estas dos funciones están dadas en código fuente en la Librería, por lo que, en el caso de tener en nuestro hardware otro tipo distinto de interfase de I/O, como por ejemplo un display de Cuarzo Líquido y un teclado, bastará con editarlas para adecuarlas al hardware y a partir de ello se podrán usar las demás funciones, con todas sus potencialidades y ventajas, sin problemas.

char _getkey (void);
#include <stdio.h>
Descripción: La función **_getkey** espera hasta que sea leído un caracter por el puerto serie.
Retorno: Retorna el carácter recibido.

char putchar (char _c_);
#include <stdio.h>
Descripción: La función **putchar** transmite un caracter **_c_** por el puerto serie del microcontrolador.

char getchar (void);
#include <stdio.h>
Descripción: La función **getchar** lee un caracter simple del canal de entrada, usando la función **_getkey**. El carácter leído es pasado a **putchar para realizar el eco.**
Retorno: retorna el carácter leído.

char *gets (char *string, int len);
#include <stdio.h>
Descripción: La función **gets** function llama a **getchar** para leer una línea, que tenga como máximo una longitud de **len** caracteres, escribiendolos en **string.**
Se leerán **len** caracteres o hasta la aparición del carácter "nueva línea" (**'\n'**). Este carácter se reemplazado por (**'\0'**) en **string.**
Retorno: La función **gets** retorna un puntero a **string.**

char ungetchar (char c);
#include <stdio.h>
Descripción: La función **ungetchar** retorna al caracter **c** al buffer del canal de lectura.
El siguiente llamado a **getchar** retornará **c**. Esta función deberá ser invocada solo una vez entre llamadas sucesivas a **getchar.**
Retorno: retornará el caracter **c** si fue exitosa, y **EOF** si se produjo un error.

int puts (const char *string);
#include <stdio.h>
Descripción: La función **puts** escribe a **string** seguido del carácter "nueva línea" (**'\n'**) en el canal de salida utilizando a **putchar.**
Retorno: **puts** retorna **EOF** si ocurrió un error o 0 si fue exitosa.

int printf (const char *formato, argumentos...);
#include <stdio.h>
Descripción: La función **printf** da formato a series de strings y valores numéricos, construyendo un string, que escribe en el canal de salida usando la función **putchar.**

El **formato** es un string formado por especificaciones de formato, caracteres y secuencias de escape, estos dos últimos son escritos directamente en el canal de salida, mientras que las especificaciones de formato son interpretadas para generar la conversión de los distintos tipos numéricos a caracteres ASCII.

Las especificaciones de formato deben siempre estar precedidas del signo ('%') y requieren argumentos adicionales, los que son interpretados leyéndose de derecha a izquierda.

Los forrmatos se relacionan ordenadamente con los elementos de la lista de argumentos.

Si los argumentos superan en número a los formatos, los excedentes se ignorarán.

Si los argumentos son menos que los formatos, los resultados son impredescibles.

Las especificaciones de formato tienen la siguiente síntaxis:

% _marcadores_ _ancho_ _. Presición_ _{b | B | l | L}_tipo

El **tipo** es un carácter simple que especifica si el argumento será interpretado somo un carácter, string, número o puntero, según la siguiente tabla:

Tipo	Interpretación del parámetro	Descripción
D	Int	número decimal con signo
u	Unsigned int	número decimal sin signo
o	Unsigned int	número octal sin signo
X	Unsigned int	número hexadecimal sin signo usando "0123456789abcdef"
X	Unsigned int	número hexadecimal sin signo usando "0123456789ABCDEF"
f	Float	Número de punto flotante usando [-]$dddd.dddd$
E	Float	Número de punto flotante usando [-]$d.dddd$e[-]dd
E	Float	Número de punto flotante usando [-]$d.dddd$E[-]dd
g	Float	Número de punto flotante usando e o f según resulte más compacto
c	Char	Caracter simple
s	Puntero genérico	String terminado en "\0"
p	Puntero genérico	Puntero usando el formato: tipo:dirección

Los **marcadores** son un único caracter que especifica la justificación del string escrito, según se expresa en la siguiente tabla:

Marcador	Descripción
-	Justificado a la Izquierda
+	Agregar como prefijo del valor, el signo
Espacio en blanco	Rellenar el valor de salida con espacios en blanco, si es un valor positivo
#	Agregar como prefico de la salida 0, 0x o 0X según el tipo usado. En el caso que el tipo sea e, E, f, F, g o G impone el uso del punto decimal.
*	Ignorar el especificador de formato.

El **ancho** es un número positivo que especifica el mínimo número de caracteres a escribir, si la cantidad de caracteres que posee la salida es menor a lo especificado por el ancho, se rellenará a izquierda o derecha, (según la justificación adoptada) con espacios en blanco.

Si el valor del **ancho** tiene como prefijo "0", se usarán estos caracteres en vez de espacios, para el relleno.

Si la cantidad de caracteres de la salida es mayor que el valor dado por el **ancho,** no se truncará la salida.

En el caso que el **ancho** tenga como valor "*", significa que su valor numérico esta dado por el valor correspondiente al argumento de la lista

La **precisión** es un número positivo que especifica la cantidad de caracteres a escribir como dígitos significativos y decimales.

La **precisión** puede producir redondeos o truncamientos si el tipo seleccionado es f, E o G.

Printf está basada en llamadas a la función **putchar** por lo que la salida de la misma se hará por el Puerto serie, a menos que se edite esta última.

Debido a lo limitado de la memoria de estos microprocesadores, el número total de bytes que pueden ser pasados en los parámetros es bastante escaso, 15 en el modelo **small** y 40 en el modelo **large.**

Retorno: devuelve la cantidad de caracteres realmente escritos en el canal de salida.

int sprintf (char *string, const char *formato, argumentos...);
#include <stdio.h>
Descripción: La función **sprintf** es en todo idéntica a **printf** con la única diferencia que en vez de escribir sobre el canal de salida, lo hace en un string residente en memoria, cuyo puntero se le pasa como argumento.
Retorno: devuelve la cantidad de caracteres realmente escritos en el buffer suministrado.

void vprintf (const char * formato, char * argumentos);
#include <stdio.h>
Descripción: La función **vprintf** es en todo similar a **printf** con la única excepción que acepta un puntero a una lista de argumentos.

void vsprintf (char *string, const char * formato, char * argumentos);
#include <stdio.h>
Descripción: La función **vsprintf** es en todo similar a su contraparte **vprintf** con la única diferencia que en vez de escribir en el canal de salida, lo hace sobre un string, cuyo puntero se le da como argumento.

int scanf (const char *formato, argumentos...);
#include <stdio.h>
Descripción: La función **scanf** lee datos usando la función **getchar** y los aloja en las variables dadas como argumentos, estos deben ser punteros a dichas variables, cuyos formatos deben coincidir con el tipo especificado en el string **formato.**
Formato responde a características similares a las del especificado para **printf.**

int sscanf (char *string, const char *formato, argumentos...);
#include <stdio.h>
Descripción: La función **sscanf** es en todo idéntica a su contraparte **scanf** con la única diferencia que en vez de leer del canal de entrada lo hace de un string. Un puntero al mismo le es pasado como argumento.

Operadores

Dado que no se encuentra en los manuales de µVision2 ni de C51 referencias a los operadores, sus precedencias, etc. todo hace suponer que es porque se ajustan a los requerimientos del ANSI C, es decir que tendremos:

Operadores Aritméticos

Símbolo	Descripción	Ejemplo	Orden de Evaluación
+	SUMA a + b	3	
-	RESTA	a - b	3
*	MULTIPLICACION	a * b	2
/	DIVISION	a / b	2
-	SIGNO	-a	2
%	MODULO	a%b	2

Operadores Relacionales

Símbolo	Descripción	Ejemplo	Orden de Evaluación
<	MENOR QUE	a < b	5
>	MAYOR QUE	a > b	5
<=	MENOR O IGUAL QUE	a <= b	5
>=	MAYOR O IGUAL QUE	a >= b	5
==	IGUAL QUE	a == b	6
!=	DISTINTO DE	a != b	6

Operadores Lógicos

Símbolo	Descripción	Ejemplo	Orden de Evaluación
&&	Y (AND)	(a>b) && (c<d)	10
||	O (OR)	(a>b) || (c<d)	11
!	NEGACION (NOT)	!(a < b)	1

Operadores de Incremento y decremento

Símbolo	Descripción	Ejemplo	Orden de Evaluación
++	INCREMENTO	++a ó a++	1
--	DECREMENTO	--a ó a--	1

Operadores de Asignacion

Símbolo	Descripción	Ejemplo	Orden de Evaluación
=	IGUAL A	a = b	13
OP=	PSEUDOCODIGO	a += b	13
=?	ASIG.CONDICIONAL	a = (c>b)?d:e	12

Operadores de Manejo de Bits

Símbolo	Descripción	Ejemplo	Orden de Evaluación
&	Y o AND (bit a bit)	a & b	7
|	O ú OR INCLUSIVA	a | b	9
^	O ú OR EXCLUSIVA	a ^ b	8
<<	ROTACION IZQUIERDA	a << b	4
>>	ROTACION DERECHA	a >> b	4
~	COMPLEMENTO A UNO	~a	1

Conclusiones

Es conveniente tener en claro, cuando se encara un proyecto, que lenguaje se usará en el mismo y porqué.

Si el proyecto es comercial, es decir, alguien me contrata para hacerlo, y por lo tanto me paga por ello, es mi obligación profesional buscar aquella solución que dé mejores réditos a mi cliente.

Obviamente, en muchos casos programar en el nivel más alto posible, acorta mis tiempos de desarrollo, lo cual es bueno para mí, y pareciera que también es bueno para el cliente, ya que le entrego rápidamente su encargo, es decir que nos beneficiamos mutuamente. Sin embargo ¿ mi decisión, le hace perder algo a mi cliente?

Para verlo claramente, pongamos un ejemplo sencillo, analicemos una parte de un programa, en la que tengo que copiar (posiblemente para mandar a un display LCD) un string guardado en la memoria de programa, a la RAM interna, calculando posteriormente su longitud para encuadrarlo en las líneas del display.

Supongamos que mi decisión es escribir esta parte en C, quedaría algo así

```c
#include <string.h>
#include "stdlib.h"

main()
{ int i;
  char data pb[20];
  char code pa[ ] = {'h','o','l','a','\0'};

  strcpy(&pb[0],&pa[0]);
  i = strlen(&pb[0]);
}
```

No nos llevaría mucho más de un minuto escribirlo.
Pero, ¿Cuál será el código generado, y cuanto tiempo tardará en ejecutarse?, veamos...

El código generado es:

```
NAME   LIBROC51_4C

?PR?main?LIBROC51_4C SEGMENT CODE
?DT?main?LIBROC51_4C SEGMENT DATA OVERLAYABLE
?CO?LIBROC51_4C     SEGMENT CODE
        EXTRN  CODE (_strlen)
        EXTRN  CODE (?C_STARTUP)
        EXTRN  CODE (?C?STRCPY)
        PUBLIC main

        RSEG  ?DT?main?LIBROC51_4C
?main?BYTE:
    i?040:  DS  2
    pb?041:  DS  20

        RSEG  ?CO?LIBROC51_4C

pa?042:
```

/* aca se guarda el string en la memoria de programa*/

```
        DB     068H
        DB     06FH
        DB     06CH
        DB     061H
        DB     000H

;  main()

        RSEG  ?PR?main?LIBROC51_4C
main:
        USING  0
                        ; SOURCE LINE # 6
; { int i;
                        ; SOURCE LINE # 7
; char data pb[20];
; char code pa[] = {'h','o','l','a','\0'};
;
```

```
;  strcpy(&pb[0],&pa[0]);
                            ; SOURCE LINE # 11
        MOV     R0,#LOW (pb?041)
        MOV     R4,#HIGH (pb?041)
        MOV     R5,#00H
        MOV     R3,#0FFH
        MOV     R2,#HIGH (pa?042)
        MOV     R1,#LOW (pa?042)
        LCALL   ?C?STRCPY
;  i = strlen(&pb[0]);
                            ; SOURCE LINE # 12
        MOV     R3,#00H
        MOV     R2,#HIGH (pb?041)
        MOV     R1,#LOW (pb?041)
        LCALL   _strlen
        MOV     i?040,R6
        MOV     i?040+01H,R7
; }
                            ; SOURCE LINE # 13
        RET
; END OF main

        END
```

Parece bastante eficiente, pero el secreto está en las llamadas a funciones externas **LCALL ?C?STRCPY** y **LCALL _strlen** que no están expandidas en el listado.

Una forma rápida de evaluar estas funciones es, luego de compilar, abrir la ventana del desensamblador. En ella podremos apreciar todos los pasos de programa que agregan esas dos funciones externas, y luego corriendo el programa, en la ventana del *Project Workspace* apreciamos la cantidad de microsegundos que tarda su ejecución.

Vemos que esta parte de nuestro programa, escrita en C, ocupa 323 bytes y tarda en ejecutarse 290 µseg.

¿Qué obtendríamos si lo escribimos directamente en Assembler? Veamos:

```
dseg at 0x20
i:        ds 1
stig:     ds 20

cseg
          ljmp    inicio

          org     0x20
inicio:
          mov     i,#0
          mov     DPTR,#tabla
          mov     R0,#stig
loop:     clr     A
          movc    A,@A+dptr
          mov     @R0,A
          jz      siga
          inc     DPTR
          inc     R0
          inc     i
          sjmp    loop

siga: nop

tabla:    db      'h','o','l','a',0

          end
```

Si, es algo más laborioso, en vez de un minuto, tardaremos un poco más de dos, en escribirlo.

Pero compilandolo, vemos que ocupa 19 bytes de memoria y tarda 30 μseg en ejecutarse.

Comparemos los dos resultados:

	Programa escrito en C	Programa escrito en Assembler
Bytes de memoria ocupados	323	19
mseg de tiempo de ejecución	290	30

La diferencia de rendimiento es bastante evidente, extrapole esto, de una pequeña parte de un programa al programa completo, y saque conclusiones.

En este caso la pregunta que yo me haría es ¿Será beneficioso para mi cliente gastar 17 veces más memoria y tener un programa 9 veces más lento, a cambio de que se lo entregue 1 minuto antes?

La respuesta en este caso es obvia, acá el único beneficiado es el programador, que ve simplificada su tarea.

No siempre el resultado es este, piense que si no fuera así, tendría poco sentido haber escrito la segunda parte de este pequeño librito.

En los casos que se debe trabajar con precisiones altas (4 bytes como mínimo) con signo o en punto flotante, realizando muchos y complejos algoritmos, la diferencia en los tiempos de desarrollo comienzan a justificar el uso de C para todo el programa.

En los casos intermedios, la gran mayoría, la mejor solución es escribir la mayor parte del programa en Assembler y embeber rutinas en C toda vez que el algoritmo a calcular lo justifique por su complejidad.

A veces, una primera impresión de un Programador acostumbrado al Lenguaje C, es de rechazo por el Assembler por no contar con instrucciones de control de flujo de programa, ¿qué puedo hacer con un Lenguaje que ni siquiera tiene If, for, while, do while, switch, ni nada que se le parezca?, sin embargo a poco que nos adentremos en él resulta evidente que todas esas estructuras son muy faciles de construir (y acá si prestan gran ayuda los Macros), por ejemplo:

Para construir un **if** tenemos la ubicua instrucción **cjne**

```
         cjne    A,var,BNEQ
         ;.........             : por acá sigue si A == var
BNEQ:                           ;por acá sigue si A != var
         jnc     mayor
         ; .........            ;por acá sigue si A < var
mayor:
         ; .........            ;por acá sigue si A > var
```

vemos que con muy pocas líneas tenemos todas las posibilidades, si queremos una apariencia de C en la escritura, podemos escribir algunas Macros
del tipo:

```
LOC OBJ        LINE   SOURCE

               1    $gen
               2
               3    IfMayor   MACRO  par1, par2   ; Compara A con par1
                                                  ; par1= directo o #
                                                  ; par2= dirección del
                                                            else
               4              LOCAL  ver
               5              cjne   A,par1,ver
               6              sjmp   par2
               7    ver:  jc  par2
               8              ENDM
               9
               10
               11
----           12   dseg   AT   0x30
               13
0030           14   var:   ds   1
               15
----           16   cseg   at   00          ;inicio un segmento
               17
0000 8000      18      sjmp   inicio
               19
0002           20   inicio:
0002 740D      21      mov    A,#13
               22
               23      ; IfMayor #8,else0
0004 B40802    24      cjne   A,#8,??0000
0007 8002      25      sjmp   else0
0009 4000      26   ??0000:
                       jc    else0
               27
               28      ;.......... si el if da verdadero ejecuta este bloque de
                                    instrucciones
                       sjmp   siga
000B           29   else0:
```

```
        30              ;..........        si el if da falso ejecuta este bloque de
instrucciones

        31      siga:
        32      end
```

Quizás lo único molesto será que en cada llamada tendrá que tenerse la pre-
caución de dar distintos nombres al else, por ejemplo else0, else1, etc.

De la misma forma podremos construir otros Macros: IfMenor, IfEqual,
IfNotEqual, etc.

Para generar un **for** tenemos dos opciones, una tan sencilla que ni siquera
amerita un Macro, para hacer **for(i = val; i > 0; i--)** simplemente escribimos:

```
        Mov     R7,#val
loop:   ;.....................        cuerpo de instrucciones dentro del for

        djne    R7,loop
```

Si con esto no nos conformamos y quisiéramos hacer **for(i=val; i<valmax;
i++)** podríamos usar el siguiente conjunto de Macros, (con cierto desagra-
dable tufillo a Basic, por el Next):

```
LOC OBJ         LINE    SOURCE

        1       $gen
        2
        3       for     MACRO   val
        4               mov     R7,#val
        5               endm
        6
        7       next    MACRO   valmax,version
        8               local loop,siga
        9               inc     R7
        10              cjne    R7,#valmax,loop
        11              sjmp    siga
        12      loop:   sjmp    for&version
        13      siga:
        14              endm
        15
```

```
                16
----            17    cseg   at    00         ;inicio un segmento
                18
0000 8000       19           sjmp   inicio
                20
0002            21    inicio:
                22+1         ; for    2
0002 7F02       23+1          mov    R7,#2
0004            24    for0:   ;............. cuerpo de instrucciones dentro del for 0
                25+1         ; next   4,0
0004 0F         26+1          inc    R7
0005 BF0402     27+1          cjne   R7,#4,??0000
0008 8002       28+1          sjmp   ??0001
000A 80F8       29+1 ??0000:  sjmp   for0
000C            30+1 ??0001:
                31
                32    ;.......................
                33
                34+1         ; for    5
000C 7F05       35+1          mov    R7,#5
000E            36    for1:   ;............. cuerpo de instrucciones dentro del for 1
                37+1         ; next   7,1
000E 0F         38+1          inc    R7
000F BF0702     39+1          cjne   R7,#7,??0002
0012 8002       40+1          sjmp   ??0003
0014 80F8       41+1 ??0002:  sjmp   for1
0016            42+1 ??0003:
                43
                44           end
```

No es tan directo ya que hay que encerrar el bloque de instrucciones entre **for valor_inicial** y **next valor_final, número_de_ invocación**, por supuesto se pueden pensar formas más sofisticadas de realizarlo a expensas de usar más instrucciones o a complicarse la vida con MPL, pero realmente, no creo que se justifique.

El **While** por lo general queda suficientemente resuelto con alguna de las instrucciones propias del Assembler, **jnb, jb, jz, jnz, jc, jnc**, etc. como para que no se justifique generar Macros para reemplazarlo, si no lo cree así, está en libertad de hacerlo, pero en ese caso no le aconsejo que trate de programar microcontroladores RISK, porque se va a encontrar totalmente desamparado por la pobreza de las instrucciones.

Si lo que se espera para salir del While es el cambio de una variable digital externa, esta es potencialmente candidata para generar una interrupción, y es más razonable tratarla de esta forma.

Una posibilidad aceptable de desear generar un While es cuando se tiene que esperar que una variable analógica digitalizada alcance un valor de *set point*, pero hacer esto es también trivial en Assembler, gracias al polimorfico cjne, por ejemplo:

```
AssWhile:  mov      A,P0              ; por el P0 leemos el valor de la
                                        variable en formato char
           cjne     A,set_point, espero
           ljmp     alcanzado         ; se alcanzó el set point
espero:    lcall    falta             ; bloque de instrucciones que
realizo durante la espera
           sjmp     AssWhile
alcanzado:                            ;..............
```

Puede verse que esto es facilmente convertible en un Macro de la forma:

```
AssWhile           MACRO         par0,par1,par2,par3
           LOCAL    espero, itere
Itere:     mov      A,par0
           cjne     A,par1, espero
           sjmp     par3
espero:    lcall    par2

           sjmp     itere

           ENDM
```

E invocarlo como:

```
           AssWhile          P0, set_point, falta, alcanzado
alcanzado:
                              ;....
falta:

                              ;....
                              Ret
```

Jorge A. Alberto

Bibliografía

Programación en C

The C Programming Language   Kernigan & Ritchie

Introducción al Lenguaje C   Jorge Alberto

C and the 8051 Programming for Multitasking   Thomas Schultz

µVision2

C51 Compiler   Keil Software

A51 Assembler   Keil Software

Assembler de la Familia MCS – 51

The 8051 Microcontroller   Scott McKenzie

The 8051 Microcontroller   Kenneth Ayala

8 bits Embedded Controllers   Intel Literature Sales

Programming and Interfacing
the 8051 Microcontrollers   Yeralan - Ahluwalia

www.ingramcontent.com/pod-product-compliance
Lightning Source LLC
Chambersburg PA
CBHW052220270326
41931CB00011B/2418